아무리 바빠도 일주일에 꼭 한 번

52주
가정예배 2

아무리 바빠도 일주일에 꼭 한 번

52주
가정예배 2

초판 발행 2018년 12월 7일
2쇄 발행 2023년 9월 15일

발 행 인 김은호
글 쓴 이 주경훈
발 행 처 도서출판 꿈미
등   록 제2014-000035호(2014년 7월 18일)
주   소 서울시 강동구 양재대로81길 39 이노빌딩, 202호
전   화 02-6413-4896, 팩스 02-470-1397
홈페이지 http://www.coommi.org
쇼 핑 몰 http://www.coommimall.com

ISBN 979-11-89047-78-8 03230

도서출판 꿈미는 가정과 교회가 연합하여 다음 세대를 일으키는 대안적 크리스천 교육기관인 사단법인 꿈이 있는 미래의 사역을 돕기 위해 월간지와 교재, 각종 도서를 출간합니다.

아무리 바빠도 일주일에 꼭 한 번

52주

가정예배

주경훈 지음

할렐루야! 1년을 기다려 온 참으로 기쁜 소식입니다. 하나님의 선명하고도 아름다운 계획 아래 『52주 가정예배』두 번째 책이 출간되었습니다. 전작을 통해 가정예배를 드림으로 가정과 교회가 연합하여 하나님을 기쁘시게 하고 회복의 은혜를 경험한 많은 간증 스토리를 접했습니다. 이번 책에서도 하나님은 가정의 영적 문화를 통해 그분의 뜻을 이루시고, 하늘로부터 내려오는 온전한 복을 주실 것을 강력히 말씀하고 계십니다. 위기를 기회로 만드는 역전의 은혜는 예배에서 시작합니다. 특별히 주 안에서 사랑하는 동역자 주경훈 목사에게 주신 지혜와 겸손으로 쓰인 이 책을 통해 그 은혜를 마음껏 누리시길 바랍니다.

김은호_ 오륜교회 담임목사

가정예배는 '스트레스'입니다. 이 스트레스가 심각한 질병의 원인이라는 것은 이미 모두 알고 있는 사실입니다. 하지만 현악기 연주자가 악기의 줄을 당겨 조율할 때, 줄을 팽팽하게 당기는 것 또한 '스트레스 준다'고 표현합니다. 현악기의 줄에 스트레스를 주어야만 아름다운 음악이 연주되듯이 이 책이 천상의 하모니에 꼭 필요한 가정의 '스트레스'라고 생각합니다.

김치남_ D6 코리아 대표

누군가 나에게 가장 영향력 있는 교육이 무엇이냐고 물어본다면 나는 '가정예배'라고 대답할 것입니다. 그 어떤 학교보다 내가 누군지, 왜 사는지, 어디를 향해 가야 하는지를 깨닫게 해준 것이 가정예배입니다. "자, 이제 우리 예배드리자." 제가 평생 잊을 수 없는 아버지의 음성입니다. 주경훈 목사의 『52주 가정예배』는 온 가족이 함께 가정예배의 축복을 누리는 지침서가 될 것입니다.

박상진_ 장신대 교수이자 기독교학교교육연구소 소장

위기인 한국 교회와 다음 세대에 히든카드가 있다면 무엇일까요? 바로 '부모'입니다! '1/168 이론'이 주장하는 바처럼, 이제 주일학교 한 시간의 신앙교육만으로는 충분하지 않음을 우리가 모두 알고 있습니다. 그렇다면 해답은 무엇일까요? 교회가 부모를 가정 선교사로 파송하여 자녀를 신앙으로 양육하도록 해야 한다는 결론에 이르게 됩니다. 그런데 이것이 쉽지 않습니다. 무엇보다 한국 교회 안에서 가정예배를 어떻게 이끌어야 할지에 대해 자세히 안내해 주는 콘텐츠가 빈약합니다. 이 문제에 대한 해답을 『52주 가정예배』가 제시합니다. 꿈이 있는 미래의 소장 주경훈 목사가 펴낸 『52주 가정예배』 시리즈는 온 가족이 함께 하나님을 예배하며 이 세상에서 가장 의미 있는 대화를 나눌 수 있도록 도와주는 친절한 안내서입니다. 아무리 바빠도 일주일에 꼭 한 번 실천한다면, 믿음의 가정에 세대 간 부흥이 임하며, 가정 천국이 이루어지리라 확신합니다!

이성준_ 하브루타 교육 문화연구소 소장

네덜란드 유학 시절에 하루에 세 번 가정예배 하는 것을 배워 10년 넘게 실천했습니다. 지금은 하루 한 번 가정예배로 줄였지만, 매일 가족이 하나님 앞에 모여 앉아 말씀을 듣고 배우는 것은 참으로 아름다운 모습이 아닐 수 없습니다. 하지만 대한민국처럼 바쁘게 살아가는 가족은 일주일에 한 번 모이는 것도 쉽지 않습니다. 『52주 가정예배』 시리즈는 매주 한 번씩 가정예배를 하도록 격려하고 돕는 도구로, 한국의 그리스도인들에게 최적화된 프로그램을 제공합니다. 주경훈 목사의 성경 해설은 간결하지만 탁월합니다. 매주 가정예배를 원하는 이들에게 이 책을 적극 추천합니다.

임경근_ 다우리교회 목사이자 『교리와 함께하는 365가정예배』 저자

가정은 부모와 자녀가 함께 믿음의 성장을 이루어 가는 가장 중요한 신앙 교육의 장입니다. 하나님을 공경하는 부모와 하나님을 사랑하는 자녀가 있는 가정이 이 세상에서 가장 행복한 가정입니다. 그리고 그 행복한 가정을 이루는 출발점은 가정예배입니다. 사단법인 꿈이 있는 미래와 주경훈 목사가 만들어 가는 『52주 가정예배 2』는 믿음의 가정을 세우는 귀한 씨앗이 될 것이라고 확신합니다.

함영주_ 총신대학교 기독교교육과 교수

서른 살에 목사안수를 받고 나서 본격적인 사역을 시작했다. 교회에서 나에게 맡긴 사역을 감당하기 위해 최선을 다했다. 취학부, 청소년부, 청년부, 장년부에 이르기까지 모든 세대를 다 경험했다. 그때마다 최선을 다했다. 부족한 부분을 메우기 위해 목회상담학과 기독교 교육학을 박사 과정까지 공부했다. 여느 목회자들과 같이 나의 삶은 늘 바빴고 그러면서도 늘 무언가 2% 부족함을 느꼈다. 더 열심히 하면 그 부족함이 채워질 줄 알고 허전할수록 더 강박적으로 사역했다. 그러다 하나의 문장과 만났다.

"신앙의 미성숙보다 신앙의 세대 단절이 더 큰 문제다."

2% 부족한 부분을 찾았다. 세대 단절이 문제였다. 나의 사역은 늘 그때 만난 세대의 신앙 성숙에 집중되어 있었다. 때로 그 열정이 너무 커서 의도하지 않게 세대 간에 단절을 일으킨 적도 있다. 가족의 저녁 시간을 빼앗고, 때로 휴가마저 빼앗았다. 한 세대에는 집중했는데 세대 통합에는 신경을 쓰지 못했다.

다음 세대가 위기라고 한다. 가정이 해체되고 특별히 신앙의 세대 계승이 이루어지지 못하고 있다. 나도 이런 현상에 한몫 거들었다.

신학, 상담, 교육학을 깊이 파면 팔수록 하나의 맥으로 연결된 것을 느낀다. 가정이 신앙과 상담과 교육의 기초이며, 가정과 교회는 하나 되어야 하고, 부모와 교사는 만나야 한다. 이 확신은 목회 현장에 있을수록 더 분명해진다.

하나님의 은혜로 오륜교회에서 사역하게 되었다. 김은호 담임목사님의 지도와 격려 속에 '원 포인트 통합교육'을 진행했다. 목표는 단 하나, 세대 통합이었다. 그렇게 원 포인트 통합교육을 적용한 지 5년이란 세월이 흐르는 동안 '어떻게 하면 가정예배를 잘 드릴 수 있도록 도울까?'에 천착했다. 세대 통합교육의 핵심은 가정에서의 신앙 교육에 있기에 가정예배는 정말 중요한 교육의 현장이다. 이런 고민으로 『52주 가정예배』를 만들었다. 소박한 마음으로 발간한 『52주 가정예배』가 많은 가정에서 사랑을 받았다. 나와 같은 고민을 하는 교회와 가정이 많았던 것이다.

부족하지만 이번에 『52주 가정예배 2』를 발간하게 되었다. 이 책은 꿈미 원 포인트 통합교육 커리큘럼에 따라 본문이 정해졌다. 전체 주제는 '변화'다. 부제 그대로 '아무리 바빠도 일주일에 꼭 한 번' 가정예배를 드리자는 목적으로 책을 냈다. 혹시 매일 가정예배를 드리길 원한다면 꿈미 홈페이지(www.coommi.org)를 통해 자료를 제공받을 수 있다. 가정예배를 중심으로 믿음의 세대 계승을 이루는 가정, 가정에 영적 기념비를 세우는 가정, 믿음의 명문을 이루는 가정, 여러분의 가정이 그런 가정이 되길 간절한 마음으로 축복한다.

"오늘 내가 네게 명하는 이 말씀을 너는 마음에 새기고 네 자녀에게 부지런히 가르치며 집에 앉았을 때에든지 길을 갈 때에든지 누워 있을 때에든지 일어날 때에든지 이 말씀을 강론할 것이며"(신 6:6-7).

꿈미 있는 미래 소장 주경훈

가정예배의 승패,
결국 관계다

♪ ♪ ♪

페이스북을 하다 보면 종종 이런 포스팅을 본다. "친구 관계를 정리합니다. 잘 모르는 분, 글만 보고 댓글을 남기지 않는 분, 메시지를 보내는 분은 친구 관계를 정리합니다. 혹시나 관계가 끊기더라도 상처받지 말아 주세요." 처음에는 '뭐 이런 글을 남기나' 싶었는데, 나중에는 '나도 잘리는 게 아닌가' 하고 내심 불안한 생각이 들었다. 일면식도 없는 사람이지만 관계가 정리될 수도 있다고 생각하니 왠지 기분이 좋지 않았다.

4차 산업시대에 걸맞게 우리는 수많은 사람들과 관계를 맺고 살아간다. 예전에는 이름 한 번 들어 보기 힘든 사람들과도 나이, 인종, 국가를 초월하여 관계를 맺는다. 그렇게 맺은 친구가 5천 명까지 되는 사람도 있다. 그런데 한 연구 조사 기관에 의하면 100명 이상의 페이스북 친구 가운데 진짜 친구는 평균 5명이라고 한다. 참 가벼운 관계다. 그렇게 잘 알지도 못하는 사람들의 삶을 엿보기 위해서 우리는 참 많은 시간을 쏟아붓고 있다. 심지어 잘 알지도 못하는 친구의 삶을 들여다보느라 진짜 관계를 망치기도 한다.

모든 관계의 시작은 가족 관계다. 페이스북 친구가 5천 명이나 되어도 가족 관계가 무너지면 불안하다. 진짜 관계를 맺어야 할 첫 번째 대상은 가족이다.

그런데 이렇게 중요한 가족 관계에 적신호가 켜졌다. 한집에서 살지만 가족 구성원이 각자 1인 가정인 것처럼 살아간다. 혼자 밥 먹고, 혼자 자고, 혼자 놀고, 혼자 신앙생활을 한다. 자녀들은 배고픔보다 외로움이 더 큰 상처다. 성적이 낮은 것보다 가족 간의 친밀감이 낮은 것이 삶을 더 공허하게 한다. 부모들은 자녀와 친밀한 관계를 누리기 원하지만 그 방법을 몰라 답답해한다. 진실한 대화를 나누고 싶지만 정작 속마음을 털어놓을 자신이 없다.

한때 먹고사는 문제가 가정의 가장 큰 문제였다. 지금은 먹고사는 문제보다 관계의 문제가 가정의 가장 큰 문제다. 상황이 이렇다 보니 많은 가정이 가정예배를 선뜻 시작하지 못한다. 신실한 신앙을 가진 부모라면 누구나 가정예배를 드리고 싶어 한다. 하지만 마음만 그렇지 말도 못 꺼내는 집이 많다. 이유가 뭘까?

"저녁도 같이 못 먹는데, 같이 모일 수나 있겠어요?"

"남편과 자녀가 가정예배를 드릴까요?"

"가정예배를 드릴 방법을 모르겠어요."

"가정예배를 인도할 자신이 없어요."

"우리 가정은 가정예배를 안 드려도 됩니다!"

가정예배를 선뜻 시작하지 못하는 이유는 이렇게 다양하다. 그런데 이 이유들의 행간에는 관계의 어려움이 숨겨져 있다. 가정마다 관계 영양실조에 걸려 있는 것이다. 사실 가정예배는 관계만 좋으면 이유야 어떻든 드릴 수 있다. 모든 가족이 모이기 힘들다면 가능한 사람들끼리 예배를 드리면 된다. 혼자라면 또 어떤가? 가족 중 한 사람이라도 가정에서 예배의 자리를 지키면 된다. 하지만 가족 간에 관계가 안 좋으면 가정예배를 드릴 상황이 완벽한데도 드리지 못할 이유를 찾게 된다.

가정예배를 드리기 위해서는 가장 먼저 가족 간에 관계를 회복해야 한다. 그래야 기쁘게 가정예배를 드릴 수 있다. 또한 가정예배 순서는 서로 간에 더 깊이 친밀해질 수 있는 내용으로 구성되어야 한다. 그런 점에서 가정예배는 하나님의 말씀을 설교하고 배우는 시간이기보다 가족의 정체성을 확인하는 시간이어야 한다. 가족이 모두 하나님 안에서 하나 됨을 확인하는 시간이어야 한다.

예수님은 이 땅에 죄인들의 친구로 오셨다.

"이제부터는 너희를 종이라 하지 아니하리니 종은 주인이 하는 것을 알지 못함이라 너희를 친구라 하였노니 내가 내 아버지께 들은 것을 다 너희에게 알게 하였음이라"(요 15:15).

예수님은 우리를 친구라고 부르셨다. 얼마나 기분 좋은 호칭인가! 예수님은 깊은 사회적 고립감에 빠진 이들과 친구를 맺으셨다. 세리 마태, 삭개오, 수가성 여인, 바디매오, 혈루증 앓는 여인 등 당시 사회적으로 외로운 이들의 친구가 되어 주셨다. 예수님만 그러셨는가? 아니다. 하나님 역시 친구를 대하듯 우리와 교제하신다. "사람이 자기의 친구와 이야기함 같이 여호와께서는 모세와 대면하여 말씀하시며"(출 33:11a). 그래서 흔히 기독교를 '관계의 종교'라고 한다.

가정예배는 가족 관계의 질을 업그레이드하는 시간이어야 한다.

'백신 박사'로 불리는 래리 곽 박사는 2010년 미국 시사 주간지 「타임」이 선정한 세계에서 가장 영향력 있는 인물 100인에 들기도 한 사람이다. 그렇게 바쁘게 활동하니 가정에 소홀하지 않을까 했는데 한 TV 프로그램에서 보여 준 그의 모습은 누구보다 가정에 충실했다. 래리 곽 박사는 아무리 바빠도 집에 들어오는 순간 휴대폰을 끈다고 한다. 가족에게 집중하기 위해서다.

"모두에게 5분의 시간이 있다고 생각한다. 그게 시작이다. 짧은 시간이지만 아이들에게 온전히 집중해야 한다."

이 '마법의 5분' 덕분에 그의 집은 가족 간에 친밀한 관계를 유지하고 있다. 그렇다. 오래 같이 있다고 해서 관계가 좋아지는 것은 아니다. 짧은 시간이라도 서로에게 집중할 때 관계는 좋아진다.

이 5분을 온 가족이 말씀에 집중한다면 그 관계는 얼마나 더 깊어질 것인가. 천국에서나 누릴 수 있는 사랑의 관계를 가정에서 누리게 될 것이다. 가정예배는 관계로 시작해서 한 층 더 높은 차원의 관계로 나아가게 한다. 관건은 관계인 것이다. 래리 곽 박사는 그의 책『아이의 잠재력을 깨워라』(푸르메, 2012)에서 축복의 요소 5가지를 소개했다.

첫째, 애정을 담아 접촉하기
둘째, 마음속의 생각을 말로 표현하기
셋째, 자녀들이 높은 가치를 지닌 존재임을 알려 주기
넷째, 자녀들의 특별한 장래를 위해 비전을 심어 주기
다섯째, 축복을 이루기 위해 부모가 적극적으로 헌신하기

가정예배에서 이 5가지를 실천할 수 있다면 그 현장이 바로 천국일 것이다.

가정예배,
삶으로 가르치다

♩ ♩ ♩ ♩

모든 부모는 자녀 교육에 대한 부담감이 있다. 자녀 교육과 관련된 책을 여러 권 낸 부모라도 자기 자녀에 관한 한 자유롭지 못하다. 사실 부모가 무엇인가 잘해 줘서 자녀가 잘된 것보다 부모의 부족함에도 불구하고 자녀 스스로 잘된 경우가 훨씬 많다. 그럼에도 부모는 자녀를 가르칠 책임과 의무가 있다. 그런데 어떻게 가르쳐야 할까? 어떤 가르침이 좋은 가르침일까? 어떤 가르침이 바른 가르침일까?

세상에는 네 종류의 스승이 있다고 한다. 첫째는 남도 못 가르치고 자신도 못 가르치는 스승이고, 둘째는 남은 못 가르치지만 자신은 잘 가르치는 스승이다. 셋째는 남은 잘 가르치지만 자신은 못 가르치는 스승이며, 넷째는 남도 잘 가르치고 자신도 잘 가르치는 스승이다. 어떤가? 대부분의 사람들은 첫 번째와 세 번째 사이에 있다. 네 번째의 경우는 아주 드물다. 이 네 번째 스승이 '좋은 가르침', '바른 가르침'을 줄 수 있는 사람이다. 그렇다면 세 번째 스승과 네 번째 스승을 가르는 차이는 무엇일까?

"머리로 가르치면 저들의 머리를 바꿀 수 있다. 마음으로 가르치면 저들의 마음을 바꿀 수 있다. 삶으로 가르치면 저들의 삶을 바꿀 수 있다."

삶으로 가르치느냐 그렇지 못하느냐가 이 둘을 갈라놓는다. 삶으로 가르치는 것이 좋은 가르침이요, 바른 가르침이다. 4차 산업시대에 정보는 넘쳐흐르고도 남을 만큼 쏟아지고 있다. 손바닥만 한 스마트폰만 있으면 궁금한 모든 것을 해결할 수 있다. 하지만 이 정보와 지식은 사람을 변화시키지는 못한다. 변화는 삶을 통해 가르쳐야 일어난다.

당연히 예수님은 남도 잘 가르치고 자신도 잘 가르치는 스승이었다. 삶으로 가르쳐서 삶을 변화시키는 스승이었다. 그래서 예수님이 가르치실 때마다 듣는 사람들이 놀랐다.

"예수께서 이 말씀을 마치시매 무리들이 그의 가르치심에 놀라니 이는 그 가르치시는 것이 권위 있는 자와 같고 그들의 서기관들과 같지 아니함일러라"(마 7:28-29).

서기관은 잘해야 세 번째 유형의 스승이었다. 서기관의 가르침은 머리를 뜨겁게 했을지는 몰라도 가슴은 차갑게 했다. 성경 지식이 많고 또 가르치기도 잘하나 그렇게 살지는 못했다. 삶이 따르지 않는 가르침은 사람을 변화시키지 못한다.

예수님은 구체적으로 어떻게 가르치셨는가? 사도행전 1장 1절이 이 질문에 대한 답을 준다.

"데오빌로여 내가 먼저 쓴 글에는 무릇 예수께서 행하시며 가르치시기를 시작하심부터"(행 1:1).

누가는 예수님의 교육 방법을 '행하시며 가르치시고'라고 설명하고 있다. 예수님의 교육은 가르침보다 행함이 먼저였다. 예수님은 서기관들과

달리 행함으로 가르치셨다. 예수님은 가르치기 위해 말씀을 많이 하지 않으셨다. 단지 그렇게 사셨다. 삶은 말보다 더 크게 말하고 더 깊이 영향을 미친다. 누구든지 자신이 가지고 있지 않은 것을 다른 사람에게 줄 수 없다. 불을 내기 위해서는 불을 가지고 있어야 한다. 그러므로 좋은 가르침이란 가르치려고 하는 바대로 살아가는 것이다. 삶으로 가르치는 것이다.

삶으로 가르치는 스승이라면 누구보다 부모가 적임자다. 학교 선생님은 교실 밖의 모습을 보여 줄 수 없다. 교회 선생님 역시 교회 밖의 모습을 보여 줄 수가 없다. 그러나 부모는 삶의 모든 순간이 자녀에게 노출된다. 가장 높은 단계의 교육, 즉 삶으로 가르치는 교육은 부모가 가장 잘할 수 있다.

바로 이런 이유로 가정예배는 힘들면서도 쉽다. 부모가 가정예배를 힘들어하는 이유도 이 때문이다. 자녀에게 본이 되는 삶을 살지 못하는 것이다. 특별히 영적인 부분에서 본보기가 되지 못한다. 하지만 부모가 자녀에게 완벽을 기대하지 않듯이 자녀들 역시 완벽한 부모를 기대하지 않는다(그런 기대를 하는 자녀도 있긴 하지만). 부족하지만 하나님 앞에서 진실하게 살아가는 모습을 기대할 뿐이다.

그런 면에서 가정예배는 어렵지 않다. 목회자와 같은 신학 지식이 있어야 하는 것이 아니다. 다만 하나님과 자녀들 보기에 정직하게 살기만 하면 된다. 이런 교육이 자녀의 삶에 변화를 일으킨다.

앎과 삶은 통합되어야 한다. 기독교 교육은 앎에 그 목적이 있는 것이 아니라 삶에 그 목적이 있다. 토머스 그룸(Thomas H. Groome)은 기독교 교육이란 세상 속에서 하나님의 나라를 섬기는 일에 신앙적이 되도록 능력을 부여하는 일이라고 했다. 그는 삶에서 신앙으로 그리고 신앙에서 삶으로 가는 교육에 대해 강조했다. 앎과 삶을 통합하는 교육을 강조한 것이다. 부모는 이 앎과 삶을 통합하는 교육을 할 수 있는 가장 적합한 스승이다.

오늘도 가정예배를 준비하면서 어떻게 가르쳐야 자녀들에게 효과적일까를 고민한다. 성경 말씀을 자녀들이 알아들을 수 있도록 잘 준비하고, 자녀들의 발달 단계에 따라 교육 활동도 준비한다. 은혜로운 찬양도 준비하고, 예배 후 함께 나눌 다과도 준비한다. 다 좋다. 다만 이 질문을 꼭 자신에게 하기 바란다. '나는 오늘 나의 삶으로 자녀들에게 무엇을 가르쳤는가?' 이 질문에 대해 스스로 당당하다면 오늘도 부모로서 잘 가르치고 있는 것이다. 가정예배는 지식이 아니라 삶으로 가르치는 것이다.

가정예배는
저항이다

꒦ ꒦ ꒦

월터 브루그만(Walter Brueggemann)은 자신의 책 『안식은 저항이다』(복 있는 사람, 2015)에서 오늘을 살아가는 우리를 애굽시대를 살던 이스라엘 사람들과 비교했다. 파라오의 횡포로 군사적 생산구조 속에서 살던 이스라엘 백성들처럼 지금의 사람들은 상품 소비 시스템(system of commodity) 속에서 더 소유하고 더 많이 사용하고 더 많이 먹기를 경쟁하며 살아간다는 것이다. 이런 시대 문화에 저항하는 것이 바로 안식일이다. 삶의 기반을 소유로 삼는 것이 아니라 안식일, 즉 예배로 삼는 것이다. 그러므로 안식일은 저항일 뿐만 아니라 대안이기도 하다.

가정예배 역시 이 시대 문화를 저항하는 것일 뿐 아니라 대안이기도 하다. 이 시대는 가족이 모이는 시간을 갈라놓고 있다. 실제로 온 가족이 일주일에 한 번 저녁식사를 위해 둘러앉기도 힘든 시대다. 부모보다 자녀들이 더 바쁘다. 아침 일찍 학교에 갔다가 저녁 늦게 학원에서 돌아와 쓰러져 잠이 들기 바쁘다. 한국에서 살아남기 위해선 어쩔 수 없는 것인가 하다가도 도대체 무엇 때문에 그렇게 온 세대가 경쟁하듯 살아야 하는가 싶어 씁쓸하다.

2015년 한국기독교언론포럼에서 '학원 시간과 교회 시간이 겹칠 때 자녀가 교회에 빠질 수 있는지'를 부모들에게 물었다. 응답자의 46.4%가 '그렇다'라고 대답했다. 더욱더 충격적인 것은 교회 중직자의 경우 57.4%가

'그렇다'라고 답했다는 사실이다. 이보다 더 놀라운 것은 목회자의 14.8% 가 '그렇다'라고 답했다는 것이다. 할 말을 잃게 하는 결과가 아닐 수 없다. 주일예배가 이러할진대 가정예배는 말해 무엇하겠는가!

가정예배는 이 세상이 좇는 가치에 동조하지 않겠다는 저항이다. 이 세상의 방법이 아닌 하나님의 방법으로 우리 가정을 세우겠다는 선언이다. 시간이 주어지고 상황이 좋아지면, 그때 가정예배를 드리겠다 하지 말고 지금 당장 시작해야 한다.

교육은 시기가 중요하다. 교육해야 할 시기를 놓치면 이후에 아무리 많은 시간을 들여도 교육적 효과를 볼 수가 없다. 우리나라는 예로부터 조기 교육의 중요성을 강조해 왔다. 이이(李珥)가 학문을 시작하는 이들을 가르치기 위해서 쓴 『격몽요결』(擊蒙要訣)에 다음과 같은 글이 있다.

"자식을 낳으면 조금씩 지식이 생길 때부터 선으로 인도해야 한다. 만일 어려서부터 가르치지 않고 이미 성장하게 되면 잘못된 것을 익히고 방심하게 되어 이를 가르치기가 매우 어렵게 된다."

'동규'(童規) 편에는 다음과 같은 글이 있다.

"갓난 망아지는 엄격하게 잘 길들여 좋은 기술을 익히게 하지 않으면 훌륭한 천리마를 만들 수 없고, 어린 소나무 모종은 잘 북돋아 기르지 않으면 훌륭한 재목을 만들지 못한다."

그러므로 자식이 있어 잘 가르치지 않으면 이는 오히려 버리는 것과 같다. 일반 교육도 이러한데 영적인 조기 교육은 어떠하겠는가. 가정예배는 우리 가정이 누구에게 속해 있는 가정인가를 확인하는 시간이다. 우리 가정의 정체성을 선포하는 시간이다. 가정예배를 드릴 때마다 우리 가정의 주인이 누구인지를 확인하게 된다.

"한 사람이 두 주인을 섬기지 못할 것이니 혹 이를 미워하고 저를 사랑하거나 혹 이를 중히 여기고 저를 경히 여김이라 너희가 하나님과 재물을 겸하여 섬기지 못하느니라"(마 6:24).

가정예배는 우리 가정의 최우선 순위를 확인하는 시간이다. 우리 가정이 가정예배를 드릴 시간에 세상의 가정은 흩어져서 경쟁에서 살아남기 위해 더 많은 돈을 벌고, 더 높은 곳으로 오르려 노력하고, 더 높은 점수를 얻기 위해 공부하고 있을 것이다. 하지만 우리 가정은 가정예배를 통해서 돈, 명예, 학력보다 더 가치 있는 것이 무엇인지를 확인할 것이다.

"너희가 어찌하여 양식이 아닌 것을 위하여 은을 달아 주며 배부르게 하지 못할 것을 위하여 수고하느냐 내게 듣고 들을지어다 그리하면 너희가 좋은 것을 먹을 것이며 너희 자신들이 기름진 것으로 즐거움을 얻으리라" (사 55:2).

결국 우리 가정은 가정예배를 통해 이 땅에서 누릴 수 없는 쉼을 얻게 될 것이다. 안식은 하나님 안에서만 누릴 수 있다. 하나님을 떠난 인생은 쉴 수가 없다. 실제로 가정과 교회를 벗어난 모든 곳에서 쉬는 방법을 잃은 지 오래다. 쉼과 안식을 잃어버린 채 미친 듯이 질주하고 있다.

"수고하고 무거운 짐 진 자들아 다 내게로 오라 내가 너희를 쉬게 하리라 나는 마음이 온유하고 겸손하니 나의 멍에를 메고 내게 배우라 그리하면 너희 마음이 쉼을 얻으리니 이는 내 멍에는 쉽고 내 짐은 가벼움이라 하시니라"(마 11:28-30).

가정예배는 저항이다. 또한 대안이다. 아무리 바빠도 일주일에 한 번 가정예배를 드리자.

가정예배 십계명

1. 우리 가정은 하나님이 세우신 공동체로서 교회 같은 가정을 이루기 위해 최선을 다한다.
2. 영적인 세대 계승을 이루어 가정에 영적 기념비를 세운다.
3. 아무리 바빠도 일주일에 한 번 가정예배를 드린다.
4. 부모는 영적인 교사로서 자녀들에게 본이 되는 삶을 살아간다.
5. 자녀는 부모를 하나님의 대리자로 여겨 공경하며 가르침에 순종한다.
6. 가정예배 헌금을 드려 하나님의 나라와 이웃을 위해 흘려보낸다.
7. 가족 여행 중에도 정한 시간이 되면 있는 곳에서 예배를 드린다.
8. 급한 일로 가정예배를 드리지 못할 일이 생길 때는 그 시간, 그 자리에서 간단하게 기도한다.
9. 가정예배 중에는 대화는 열린 대화를 하며 서로의 생각과 의견을 존중한다.
10. 가정예배를 드린 후 기록한 가족 미션을 이루기 위해 한 주간 최선의 노력을 다한다.

가정예배 서약서

나는 가정의 영적 제사장으로서
하나님께서 나에게 부여하신 사명을 따라
가정예배의 회복과 신앙의 세대 계승을 위해
가정예배를 시작할 것을 하나님 앞에 서약합니다.

가정예배 요일:

가정예배 시간:

가정예배 서약자:

가정예배 규칙:

년 월 일

서약자: (인)

지혜는 하나님에게서 나온다

- 잠언 2장 1-15절
- 찬송가 28장 복의 근원 강림하사

잠언 2장 1-15절

¹ 내 아들아 네가 만일 나의 말을 받으며 나의 계명을 네게 간직하며

² 네 귀를 지혜에 기울이며 네 마음을 명철에 두며

³ 지식을 불러 구하며 명철을 얻으려고 소리를 높이며

⁴ 은을 구하는 것같이 그것을 구하며 감추어진 보배를 찾는 것같이 그것을 찾으면

⁵ 여호와 경외하기를 깨달으며 하나님을 알게 되리니

⁶ 대저 여호와는 지혜를 주시며 지식과 명철을 그 입에서 내심이며

⁷ 그는 정직한 자를 위하여 완전한 지혜를 예비하시며 행실이 온전한 자에게 방패가 되시나니

⁸ 대저 그는 정의의 길을 보호하시며 그의 성도들의 길을 보전하려 하심이니라

⁹ 그런즉 네가 공의와 정의와 정직 곧 모든 선한 길을 깨달을 것이라

¹⁰ 곧 지혜가 네 마음에 들어가며 지식이 네 영혼을 즐겁게 할 것이요

¹¹ 근신이 너를 지키며 명철이 너를 보호하여

¹² 악한 자의 길과 패역을 말하는 자에게서 건져 내리라

¹³ 이 무리는 정직한 길을 떠나 어두운 길로 행하며

¹⁴ 행악하기를 기뻐하며 악인의 패역을 즐거워하나니

누군가에게 무엇인가를 주고 싶어서 간절했던 적이 있습니까? 사랑하는 연인을 생각하며 준비하는 선물, 부모님을 위해 혹은 자녀를 위해 준비하는 선물처럼 말입니다. 하나님은 자녀인 우리에게 꼭 주고 싶으신 것이 있습니다. 하나님은 이 간절함이 너무 커서 잠언 전체를 통해서 우리에게 호소하십니다. 바로 지혜입니다. 첫 가정예배 시간에 하나님이 그토록 주길 원하시는 지혜에 대한 간절함이 가슴을 뜨겁게 하길 바랍니다.

지혜를 얻기 위한 3가지 조건

세상이 빠르게 변하고 있습니다. 어제의 생각으로 오늘을 살아갈 수 없는 세상입니다. 많은 지식과 정보가 우리의 삶을 보장해 주지 못합니다. 그 무엇보다 지혜가 필요한 시대입니다. 하나님은 자녀인 우리에게 지혜를 주길 원하십니다. 그런데 그 지혜를 얻기 위해서는 조건이 있습니다. 오늘 말씀인 잠언 2장 1, 3, 4절은 히브리어 원문으로 보면 '만일'이라는 조건절로 시작하며, 지혜를 얻기 위한 세 가지 조건을 말합니다. 지혜를 얻기 위한 첫 번째 조건은 지혜를 마음에 두는 것입니다(1, 2절). 두 번째 조건은 간절한 마음으로 간구하는 것입니다(3절). 세 번째 조건은 감추어진 보물을 찾듯이 찾는 것입니다(4절). 한마디로 말하면 지혜에 대한 간절함이 있어야 합니다.

지혜를 간절히 구하면 얻게 됩니다. 이것은 세상에서 말하는 '끌어당김의 법칙'이나 '피그말리온 효과'를 말하는 것이 아닙니다. 우리에게는 지혜를 주시는 하나님이 계십니다. 지혜의 근원 되시는 하나님이 계십니다.

지혜를 구하는 것은 결국 하나님을 구하는 것입니다.

지혜는 선한 길을 깨닫게 해준다

지혜를 구하면 여호와 경외하기를 깨달으며 하나님을 알게 됩니다(5절). 지혜를 찾았는데 하나님과 만나게 됩니다. 이것이 지혜가 주는 복입니다. 하나님이 지혜의 근원이기 때문에 지혜는 하나님을 만나는 길입니다. 하나님은 방패가 되시며(7절), 성도의 길을 보전하십니다(8절). 우리의 영혼을 즐겁게 하시며(10절), 악에서 건져 내십니다(12절). 반면 지혜가 없는 사람들은 어두운 길을 좋아하며(13절), 악을 행하는 것을 즐거워합니다(14절). 인생에 대한 방향감각을 상실한 자들입니다. 지혜가 없으니 선과 악을 구별할 줄 모르는 것입니다.

아무리 화려한 배를 타고 있어도 나침반이 없다면 표류하는 중입니다. 반면 작은 배라 할지라도 나침반과 지도가 있다면 여행하듯 항해할 수 있습니다. 나는 항해 중입니까, 표류 중입니까? 하나님과 함께 항해를 즐기길 바랍니다.

지혜에 대한 간절함과 마주해야 합니다. 세상을 살면서 다양한 종류의 간절함과 마주합니다. 생존을 위한 간절함, 가정을 위한 간절함, 자아성취를 위한 간절함이 그런 것입니다. 하지만 그 무엇보다 지혜에 대한 간절함이 있어야 합니다. 지혜가 곧 하나님이기 때문입니다.

❸ 나눔

1. 지금 간절하게 필요한 것이 있다면 그것이 무엇인지 가족과 나눠 보세요.
2. 지금 나는 어떤 부분에서 지혜가 필요한지 가족과 나눠 보세요.

❸ 기도

지혜의 근원되신 하나님, 우리 가정을 하나님의 지혜로 채우소서. 우매한 우리는 매 순간 마주하게 되는 문제를 어떻게 해결해야 할지 모릅니다. 무엇이 선이고 무엇이 악인지 구별할 능력도 우리에게는 없습니다. 보화를 찾듯 지혜를 구하오니 우리 가정의 길을 보호하여 주세요. 지혜가 되시는 예수님의 이름으로 기도합니다. 아멘.

❸ 이번 주 우리 가족 미션

❸ 한 주의 생명 양식

1 ♥ 히 12:14-29
2 ♥ 히 13:1-6
3 ♥ 잠 1:1-7
4 ♥ 잠 1:8-19
5 ♥ 잠 1:20-33
6 ♥ 잠 2:1-15
7 ♥ 잠 2:16-22

2주

정직한 자의 길

- 잠언 4장 10–27절
- 찬송가 288장 예수를 나의 구주 삼고

잠언 4장 10-27절

10 내 아들아 들으라 내 말을 받으라 그리하면 네 생명의 해가 길리라

11 내가 지혜로운 길을 네게 가르쳤으며 정직한 길로 너를 인도하였은즉

12 다닐 때에 네 걸음이 곤고하지 아니하겠고 달려갈 때에 실족하지 아니하리라

13 훈계를 굳게 잡아 놓치지 말고 지키라 이것이 네 생명이니라

14 사악한 자의 길에 들어가지 말며 악인의 길로 다니지 말지어다

15 그의 길을 피하고 지나가지 말며 돌이켜 떠나갈지어다

16 그들은 악을 행하지 못하면 자지 못하며 사람을 넘어뜨리지 못하면 잠이 오지 아니하며

17 불의의 떡을 먹으며 강포의 술을 마심이니라

18 의인의 길은 돋는 햇살 같아서 크게 빛나 한낮의 광명에 이르거니와

19 악인의 길은 어둠 같아서 그가 걸려 넘어져도 그것이 무엇인지 깨닫지 못하느니라

20 내 아들아 내 말에 주의하며 내가 말하는 것에 네 귀를 기울이라

21 그것을 네 눈에서 떠나게 하지 말며 네 마음 속에 지키라

22 그것은 얻는 자에게 생명이 되며 그의 온 육체의 건강이 됨이니라

23 모든 지킬 만한 것 중에 더욱 네 마음을 지키라 생명의 근원이 이에서 남이니라

²⁴ 구부러진 말을 네 입에서 버리며 비뚤어진 말을 네 입술에서 멀리 하라
²⁵ 네 눈은 바로 보며 네 눈꺼풀은 네 앞을 곧게 살펴
²⁶ 네 발이 행할 길을 평탄하게 하며 네 모든 길을 든든히 하라
²⁷ 좌로나 우로나 치우치지 말고 네 발을 악에서 떠나게 하라

차가 다니는 도로가 있습니다. 하늘에는 비행기가 날아다니는 항공로가 있습니다. 배가 지나가는 뱃길이 있으며, 사람이 걸어 다니는 인도가 있습니다. 그런데 사람이 가는 길은 길이라고 해서 다 가서는 안 됩니다. 하나님의 사람으로서 가야 할 길이 있고 절대로 가지 말아야 할 길이 있습니다. 가지 말아야 할 길을 가면 반드시 되돌아와야 하며 간 만큼 손해를 보게 되어 있습니다. 그렇다면 우리는 어떤 길을 가야 할까요?

의인의 길

하나님이 약속하신 길을 걸으면 하나님께서 그의 삶을 보장해 주십니다. 먼저는 생명의 해가 길게 해주십니다(10절). '길다'라는 단어는 '증가하다', '계속하다', '확대하다', '성장하다'의 의미로 양적이고 질적인 번영을 모두 언급합니다. 그 길은 또한 아무리 걸어도 곤고하지 않고 아무리 달려가도 실족하지 않습니다(12절). 걷는 것은 일상적인 삶을 뜻하고, 달리는 것은 위급하고 어려운 순간을 의미합니다. 지혜로운 자는 이 모든 순간에 실족하지 않습니다. 의인의 길은 돋는 햇살 같습니다(18절). 점점 밝아져 한낮의 광명에 이릅니다. 이보다 더 좋은 길은 없습니다. 우리 가정이 걷는 길이 의인의 길이길 바랍니다. 하나님이 보장해 주시는 길을 걷기를 축복합니다.

좌로나 우로나 치우치지 않은 길

의인의 길로 걸을 때 중요한 것은 좌로나 우로나 치우치지 않는 것입니다. 사람은 치우치기 쉬운 존재입니다. 사람은 걸을 때 시선이 향하는 쪽으로 걷습니다. 운전하다가 오른쪽으로 가려면 먼저 오른쪽을 봐야 합니다. 왼쪽으로 가려면 시선이 왼쪽을 향합니다. 사람은 시선이 향하는 쪽으로 걷기 때문에 의인의 길을 걷기 위해서는 항상 하나님을 바라봐야 합니다(21, 25절). 또한 마음을 지켜야 합니다. 몸은 시선을 따라가고 시선은 마음을 따라가기 때문입니다. "모든 지킬 만한 것 중에 더욱 네 마음을 지키라 생명의 근원이 이에서 남이니라"(23절). 부모가 걷는 길은 올곧아서 자녀가 보기에 부끄러움이 없어야 합니다. 자녀의 걸음 역시 하나님 보시기에 정직한 길이어야 합니다.

의인의 길을 걷는 사람들에 대한 복이 분명한 것처럼 악인의 길을 걷는 사람들에 대한 벌도 분명합니다. 우리의 눈, 말, 걸음, 온몸을 사용하여 정직한 자의 길을 걸어야 합니다. 악에서 떠나 말씀의 길을 걷는 가정이 되길 바랍니다.

1. 한 주간 걸어온 길을 떠올려 보면서 어떤 길을 걸었는지 가족과 나눠 보세요.
2. 나의 마음은 어떤 것에 자주 치우치는지 생각해 보고 그 내용을 가족과 나눠
   보세요.

❸ 기도

하나님, 우리 가정이 하나님이 원하시지 않은 길이라면 쳐다보지도 않게 하시고,
하나님이 원하시는 길이라면 좁은 길이라도 기쁨으로 걷게 해주세요. 그 길을 걸
어갈 때 치우침 없이 바른 자세로 걷게 해주세요. 길이 되시는 예수님의 이름으
로 기도합니다. 아멘.

❸ 이번 주 우리 가족 미션

❸ 한 주의 생명 양식

1 ♥ 잠 3:1-10

2 ♥ 잠 3:11-24

3 ♥ 잠 3:25-35

4 ♥ 잠 4:1-9

5 ♥ 잠 4:10-27

6 ♥ 잠 5:1-14

7 ♥ 잠 5:15-23

행동보다 마음의
변화가 먼저다

- 잠언 6장 12-19절
- 찬송가 370장 주 안에 있는 나에게

잠언 6장 12-19절

¹² 불량하고 악한 자는 구부러진 말을 하고 다니며

¹³ 눈짓을 하며 발로 뜻을 보이며 손가락질을 하며

¹⁴ 그의 마음에 패역을 품으며 항상 악을 꾀하여 다툼을 일으키는 자라

¹⁵ 그러므로 그의 재앙이 갑자기 내려 당장에 멸망하여 살릴 길이 없으리라

¹⁶ 여호와께서 미워하시는 것 곧 그의 마음에 싫어하시는 것이 예닐곱 가지이니

¹⁷ 곧 교만한 눈과 거짓된 혀와 무죄한 자의 피를 흘리는 손과

¹⁸ 악한 계교를 꾀하는 마음과 빨리 악으로 달려가는 발과

¹⁹ 거짓을 말하는 망령된 증인과 및 형제 사이를 이간하는 자이니라

꽃이 향기를 숨길 수 없듯이 사람은 속마음을 숨길 수가 없습니다. 그래서 잘 가꾸어야 합니다. 사람의 속마음은 반드시 들키기 때문입니다. 사람들은 실언하지 않고, 실수하지 않으려고 노력합니다. 그런 노력이 가상하기는 하지만 불완전합니다. 말과 행동을 조심하기 이전에 마음을 바꾸

어야 합니다. 마음에 쌓인 것이 입과 온몸을 통해서 나오기 때문에 마음의 변화가 먼저입니다. 어떻게 하면 마음의 변화를 이룰 수 있을까요?

불량한 사람은 멸망한다

불량한 사람의 삶의 결론은 멸망입니다. 어떻게 보면 불량한 사람이 정직한 사람보다 부지런하고 열심히 살 수 있습니다. 불량한 사람은 '구부러진 말'(12절)을 합니다. 그의 언어는 거짓을 말하거나 타인에게 아픔을 주는 말입니다. 그의 눈짓, 발짓, 손짓은 악을 도모하기에 바쁩니다(13절). 그의 마음은 패역을 품으므로 항상 악을 꾀합니다(14절). 마치 농부가 씨를 뿌려 열매를 거두기 위해서 노력하듯이 불량한 사람은 열심을 다해 악한 일을 하기 위해서 노력합니다. 불량한 사람은 자신의 삶을 스스로 복잡하고 피곤하게 만듭니다. 사람은 정직하게 말하고, 선하게 행동하며, 이웃과 좋은 관계를 맺고 살아갈 때 모든 것이 편하도록 창조되었습니다. 그러므로 불량한 삶은 스스로를 힘들게 할 뿐입니다. 불량하게 살아서 얻을 것은 멸망뿐입니다. 불량한 자에게는 멸망이 '갑자기', '당장'(15절)에 내려 누구도 그를 도와줄 수 없습니다. 모든 불의한 자는 멸망이라는 결론을 피할 수 없습니다. 불량한 자의 삶이 어떻게 끝나는지 명확히 안다면 우리는 마음의 변화를 이룰 수 있습니다.

하나님이 미워하시는 것을 미워하라

하나님이 미워하시는 것은 명확합니다. 그러므로 마음의 변화를 위해서는 하나님이 미워하시는 것을 나도 미워하면 됩니다. 하나님이 '싫어하시는 것'(16절)의 원어를 보면 그 뜻이 '구역질 나는 것', '혐오스러움'입니다. 이것은 하나님의 강한 거부감을 의미합니다. 그것이 무엇인지 7가지로 명확히 나와 있습니다.

　첫째는 '교만한 눈'입니다. '눈'은 마음의 상태를 의미하는 것으로, 교만한 눈은 교만한 마음을 의미합니다. 하나님은 교만한 마음을 싫어하십니다. 둘째는 '거짓된 혀'입니다. 마음이 교만하면 입에서 거짓의 언어가 나옵니다. 셋째는 '무죄한 자의 피를 흘리는 손'입니다. 마음에서 시작된 죄는 입으로 표현되어 결국 손에 피를 묻히게 됩니다. 넷째는 '악한 계교를 꾀하는 마음'입니다. 악한 계교는 치밀한 생각에서 나오는 거짓을 의미합니다. 마음에 악한 것이 가득 차 있는 상태입니다. 다섯째는 '빨리 악으로 달리는 발'입니다. 선을 행할 능력은 없으나 악을 행하는 데는 신속합니다. 악에 대해 적극적인 반응을 보입니다. 여섯째는 '거짓을 말하는 망령된 증인'입니다. 악한 마음을 가지고 위증하는 것입니다. 일곱째는 '형제 사이를 이간하는' 것입니다. 공동체의 하나 됨을 파괴하고 서로 간의 신뢰를 깨뜨리는 것입니다. 하나님이 미워하시는 이 7가지를 우리 또한 미워해야 합니다. 마음으로 강하게 미워하면 그것을 행하지 않게 되기 때문입니다.

　행동의 변화보다 마음의 변화가 중요합니다. 마음이 변화되지 않은 채 마음과 다르게 행동하는 것은 위선입니다. 선을 행하는 것처럼 보이나 결국 위선적인 삶입니다. 불량한 사람은 심판을 피할 수 없습니다. 불량한 사람의 심판을 확신하는 사람은 불량한 삶을 살지 않습니다. 그리고 하나님이 미워하시는 것을 미워합니다. 하나님이 원하시는 선한 삶을 살기 바랍니다.

🔗 나눔

1. 누군가와 대화를 하다가 실수로 속마음을 말해서 당황한 적이 있다면 가족과 나눠 보세요.
2. 하나님이 미워하시는 사람의 모양을 그림으로 그려 보고 그 특징을 가족에게 설명해 보세요.

🔗 기도

마음의 중심을 살피시는 하나님, 우리 가정의 마음이 하나님을 닮아 선하고 아름다운 마음 되게 해주세요. 하나님이 미워하시는 것을 미워하고 하나님이 좋아하시는 것을 좋아하는 가정이 되게 해주세요. 내 마음의 주인이신 예수님의 이름으로 기도합니다. 아멘.

🔗 이번 주 우리 가족 미션

🔗 한 주의 생명 양식

1 ♥ 잠 6:1-11
2 ♥ 잠 6:12-19
3 ♥ 잠 6:20-35
4 ♥ 잠 7:1-9
5 ♥ 잠 7:10-27
6 ♥ 잠 8:1-21
7 ♥ 잠 8:22-36

| 4주 |

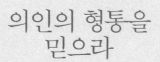

의인의 형통을
믿으라

- 잠언 11장 1-15절
- 찬송가 384장 나의 갈 길 다가도록

잠언 11장 1-15절

1 속이는 저울은 여호와께서 미워하시나 공평한 추는 그가 기뻐하시느니라

2 교만이 오면 욕도 오거니와 겸손한 자에게는 지혜가 있느니라

3 정직한 자의 성실은 자기를 인도하거니와 사악한 자의 패역은 자기를 망하게 하느니라

4 재물은 진노하시는 날에 무익하나 공의는 죽음에서 건지느니라

5 완전한 자의 공의는 자기의 길을 곧게 하려니와 악한 자는 자기의 악으로 말미암아 넘어지리라

6 정직한 자의 공의는 자기를 건지려니와 사악한 자는 자기의 악에 잡히리라

7 악인은 죽을 때에 그 소망이 끊어지나니 불의의 소망이 없어지느니라

8 의인은 환난에서 구원을 얻으나 악인은 자기의 길로 가느니라

9 악인은 입으로 그의 이웃을 망하게 하여도 의인은 그의 지식으로 말미암아 구원을 얻느니라

10 의인이 형통하면 성읍이 즐거워하고 악인이 패망하면 기뻐 외치느니라

11 성읍은 정직한 자의 축복으로 인하여 진흥하고 악한 자의 입으로 말미암아 무너지느니라

12 지혜 없는 자는 그의 이웃을 멸시하나 명철한 자는 잠잠하느니라

¹³ 두루 다니며 한담하는 자는 남의 비밀을 누설하나 마음이 신실한 자는 그런 것을 숨기느니라

¹⁴ 지략이 없으면 백성이 망하여도 지략이 많으면 평안을 누리느니라

¹⁵ 타인을 위하여 보증이 되는 자는 손해를 당하여도 보증이 되기를 싫어하는 자는 평안하니라

모든 사람은 형통한 삶을 살기 원합니다. 그렇다면 잠시 자신에게 질문을 던져 볼까요? 어떤 사람이 형통한 삶을 살 수 있을까요? 모든 사람은 의식적으로든 무의식적으로든 이 질문에 대한 답을 삶을 통해서 보여 주며 살아갑니다. 그렇다면 성경은 이 질문에 어떻게 답하고 있을까요? 성경은 의인이 반드시 형통한다고 명시하고 있습니다. 이것이 정답입니다. 의인은 반드시 형통하고 악인은 반드시 형벌을 받습니다. 이 사실을 믿어야 합니다.

의인에게 따르는 형통함

잠언은 계속해서 지혜로운 의인의 삶과 지혜롭지 못한 악인의 삶을 대조합니다. 오늘 본문 역시 그 내용을 강조합니다. 의인은 정직하여 사심 없이 공정하게 행동합니다. 의인의 지혜는 겸손에 뿌리를 두고 있어 모든 사람에게 인정을 받습니다. 의인은 일상을 한결같이 성실하게 살아갑니다. 현대 사회는 정직, 겸손, 성실에 대한 가치를 낮게 평가합니다. 털어서 먼지 안 나오는 사람 없다면서 스스로 부정직하게 행동하고, 자기애가 지나쳐 자신을 과대평가하며, 융통성이란 이름으로 불성실하게 행동합니다. 그러면서 정직하고, 겸손하며, 성실하게 사는 사람을 시대에 적응하지 못한 꽉 막힌 사람으로 치부합니다. 하지만 성경은 그렇게 말하지 않습니다.

의인의 형통을 확신하시기 바랍니다. 하나님이 의인의 인생을 형통으로 인도하십니다.

악인에게 따르는 형벌

악인의 삶은 처음에는 잘되는 것 같지만 그 끝에는 반드시 형벌이 기다리고 있습니다. 악인이 불법으로 쌓아 올린 재물은 진노의 날에 그를 살리지 못합니다. 자신이 쌓아 올린 악에 걸려 스스로 넘어집니다. 악인은 인생이 마지막 순간에 소망을 발견할 수 없습니다. 악인은 평소에 이웃을 망하게 하기 위해 입을 놀리고, 이웃을 멸시하며, 두루 다니며 험담을 합니다. 그래서 심판의 날에 악인의 패망을 사람들이 기뻐합니다. 얼마나 비참한 인생입니까? 순간의 이익을 위해 악을 행하고 악한 말을 한 것의 결과는 영원히 비참한 것입니다. 악인의 삶은 순간에 불과한 이 땅의 시각에서 보면 성공한 것처럼 보입니다. 그래서 많은 젊은이들이 영혼을 팔아서라도 부와 명성을 얻기를 원합니다. 하지만 악인은 반드시 형벌을 받습니다. 악인이 소유한 모든 것은 모래가 손에서 빠져나가는 것보다 더 빠르게 사라질 것입니다.

하나님이 우리의 인생을 평가하십니다. 형통한 삶은 하나님이 주시는 것입니다. 우리는 단지 이 땅을 사는 동안 정직하고 겸손하며 성실하게 살아갈 뿐입니다. 어떤 상황에서도 그렇게 살아갈 수 있는 힘은 하나님이 반드시 의인을 형통케 하신다는 믿음에서 나옵니다. 의인의 형통을 확신하기 바랍니다.

❸ 나눔

1. 일주일간 어떻게 정직하고, 겸손하며, 성실하게 살아갈 것인지 가족과 나눠 보세요.
2. 순간의 이익을 얻기 위해 잠시 불의한 행동을 하려고 갈등한 적이 있나요? 그 상황을 가족과 나눠 보세요.

❸ 기도

의인을 형통한 삶으로 인도하시는 하나님, 우리 가정을 의롭다 하시고 구원해 주셔서 감사합니다. 우리 가정이 의롭다 함을 얻었으니 앞으로 살아가는 삶의 모습 또한 의로운 가정이 되게 해주세요. 순간의 유혹에 넘어지지 않게 하시고 선한 것을 좇아 살아가게 해주세요. 우리를 의롭다 하시는 예수님의 이름으로 기도합니다. 아멘.

❸ 이번 주 우리 가족 미션

❸ 한 주의 생명 양식

1 ♥ 잠 9:1-18
2 ♥ 잠 10:1-17
3 ♥ 잠 10:18-32
4 ♥ 잠 11:1-15
5 ♥ 잠 11:16-31
6 ♥ 잠 12:1-14
7 ♥ 잠 12:15-28

지혜로운 사람의 길

- 잠언 15장 19-33절
- 찬송가 412장 내 영혼의 그윽히 깊은 데서

잠언 15장 19-33절

19 게으른 자의 길은 가시 울타리 같으나 정직한 자의 길은 대로니라

20 지혜로운 아들은 아비를 즐겁게 하여도 미련한 자는 어미를 업신여기느니라

21 무지한 자는 미련한 것을 즐겨 하여도 명철한 자는 그 길을 바르게 하느니라

22 의논이 없으면 경영이 무너지고 지략이 많으면 경영이 성립하느니라

23 사람은 그 입의 대답으로 말미암아 기쁨을 얻나니 때에 맞는 말이 얼마나 아름다운고

24 지혜로운 자는 위로 향한 생명 길로 말미암음으로 그 아래에 있는 스올을 떠나게 되느니라

25 여호와는 교만한 자의 집을 허시며 과부의 지계를 정하시느니라

26 악한 꾀는 여호와께서 미워하시나 선한 말은 정결하니라

27 이익을 탐하는 자는 자기 집을 해롭게 하나 뇌물을 싫어하는 자는 살게 되느니라

28 의인의 마음은 대답할 말을 깊이 생각하여도 악인의 입은 악을 쏟느니라

29 여호와는 악인을 멀리 하시고 의인의 기도를 들으시느니라

30 눈이 밝은 것은 마음을 기쁘게 하고 좋은 기별은 뼈를 윤택하게 하느니라

31 생명의 경계를 듣는 귀는 지혜로운 자 가운데에 있느니라

노벨문학상을 수상한 헤밍웨이의 소설 『노인과 바다』에는, 바다에서 대어 한 마리를 잡기 위해 온갖 고생을 다하는 노인의 이야기가 그려져 있습니다. 그는 바다에서 많은 날을 기다리다 사흘간의 사투 끝에 결국 커다란 대어를 잡았습니다. 그리고 배 뒤에 매달고 벅찬 가슴으로 귀로에 오릅니다. 그런데 그 대어가 흘린 피 냄새를 맡고 상어 떼가 몰려들어 노인은 또 한 번 목숨을 건 사투를 하게 됩니다. 그렇게 가까스로 항구에 닿았을 때 대어는 이미 앙상한 뼈만 남았을 뿐입니다. 오는 동안 상어 떼가 그 대어를 다 뜯어 먹어 버린 것입니다. 이 때문에 노인은 심각한 허탈감에 빠지고 맙니다. 오늘날 이처럼 열심히 살지만 뼈만 남은 초라한 삶이 얼마나 많습니까? 열심히 삽니다. 그런데 세상의 헛된 목표와 성공을 붙들고 삽니다. 열심히 사는 것보다 중요한 것은 지혜롭게 사는 것입니다.

위로 향하는 생명의 길

지혜로운 자는 위로 향하는 생명의 길로 갑니다(24절). 즉 어떤 환경에서든지 하나님을 경외하며 항상 하나님이 주시는 참된 지혜를 가지고 생명의 길로 갑니다. 지혜로운 자는 하나님을 경외함에서 오는 참된 지식이 있기에 어려움 가운데서도 곁에 있는 사람들을 존중하고 사랑할 줄 압니다. 또한 그가 두려워하는 것은 이 세상 사람들의 잣대가 아니라 여호와의 평가이기에 매 순간 하나님의 뜻을 구하며 살아갑니다. 반면 어리석은 자는 하나님의 지혜가 없어 이 땅의 즐거움을 추구하며 살아갑니다. 성도는 어떤 사람들이어야 합니까? 세상의 안위와 평안을 추구하기 위해 아래를 바라보지 않는 사람들입니다. 항상 하나님을 경외하면서 위를 바라보는 사람들입니다. 영원을 바라보면서 위에 시선을 고정하고 생명의 길을 걸어가는 지혜로운 자들이 다 될 수 있기를 바랍니다.

🌱더 크고 완전한 지혜

생명의 경계를 듣는 귀(31절)를 가진 사람은 지혜로운 사람입니다. 말씀을 듣는 귀를 가진 사람입니다. 하나님의 말씀을 생명처럼 듣는 사람입니다. 하나님을 경외하는 것이 참 지혜이기에 말씀을 받아 마음의 즐거움으로 삼는 사람은 생활에 활력이 있습니다. 또한 지혜의 경계에 귀를 열어 하나님의 훈계를 겸손히 받아들이므로 그의 삶은 더욱 지혜로워집니다. 반면 어리석은 사람은, 하나님의 훈계를 거절함으로 생명의 길을 벗어나 사망의 길을 갑니다(32절). 하나님께 모든 지혜가 있기에 하나님의 말씀에 순종하는 것이 지혜롭게 사는 것입니다. 더 크고 완전한 지혜를 따라가야 합니다. 세상이 제시하는 길, 나의 생각과 감정이 선호하는 길이 아닌 하나님의 길을 순종하는 가정이 되길 바랍니다.

우리 가정이 어떤 길을 걷고 있는지 살펴봐야 합니다. 우리의 눈과 귀가 하나님의 말씀을 향해 있는지, 세상을 향해 있는지 늘 영적으로 깨어 점검해야 합니다. 우리는 자신의 판단보다 하나님의 변하지 않는 말씀을 전적으로 의지하며 살아가야 합니다. 위로 향하는 생명의 길, 순종으로 가는 길이 우리가 걸어야 할 길입니다.

🔸 나눔

1. 『노인과 바다』의 주인공과 같이 무엇인가를 위해 최선을 다했는데 초라한 결과를 얻은 경험이 있다면 가족과 나눠 보세요.
2. 지금까지 내가 걸어온 길은 어떤 길이었는지 가족과 나눠 보세요.

🔸 기도

하나님, 우리 가정이 걷는 길이 넓은 길이 아닌 좁은 길이길 원합니다. 세상으로 향하는 길이 아닌 하나님으로 향하는 길이 되길 원합니다. 날마다 순종하며 하나님이 원하시는 길을 걷게 해주세요. 길이 되시는 예수님의 이름으로 기도합니다. 아멘.

🔸 이번 주 우리 가족 미션

🔸 한 주의 생명 양식

1 ♥ 잠 13:1-13
2 ♥ 잠 13:14-25
3 ♥ 잠 14:1-19
4 ♥ 잠 14:20-35
5 ♥ 잠 15:1-9
6 ♥ 잠 15:10-18
7 ♥ 잠 15:19-33

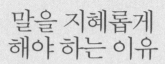

말을 지혜롭게
해야 하는 이유

- 잠언 18장 13-24절
- 찬송가 315장 내 주 되신 주를 참 사랑하고

잠언 18장 13-24절

13 사연을 듣기 전에 대답하는 자는 미련하여 욕을 당하느니라

14 사람의 심령은 그의 병을 능히 이기려니와 심령이 상하면 그것을 누가 일으키겠느냐

15 명철한 자의 마음은 지식을 얻고 지혜로운 자의 귀는 지식을 구하느니라

16 사람의 선물은 그의 길을 넓게 하며 또 존귀한 자 앞으로 그를 인도하느니라

17 송사에서는 먼저 온 사람의 말이 바른 것 같으나 그의 상대자가 와서 밝히느니라

18 제비 뽑는 것은 다툼을 그치게 하여 강한 자 사이에 해결하게 하느니라

19 노엽게 한 형제와 화목하기가 견고한 성을 취하기보다 어려운즉 이러한 다툼은 산성 문빗장 같으니라

20 사람은 입에서 나오는 열매로 말미암아 배부르게 되나니 곧 그의 입술에서 나는 것으로 말미암아 만족하게 되느니라

21 죽고 사는 것이 혀의 힘에 달렸나니 혀를 쓰기 좋아하는 자는 혀의 열매를 먹으리라

22 아내를 얻는 자는 복을 얻고 여호와께 은총을 받는 자니라

23 가난한 자는 간절한 말로 구하여도 부자는 엄한 말로 대답하느니라

24 많은 친구를 얻는 자는 해를 당하게 되거니와 어떤 친구는 형제보다 친밀하니라

인간은 하나님의 대리자로서 우주 만물을 다스리는 존재입니다. 그래서 인간은 다른 피조물에게는 없는 특징을 여럿 가지고 있습니다. 그중에 대표적인 능력이 언어 능력입니다. 그런 의미에서 인간을 '언어적 인간'(Homo loquens)이라고 부릅니다. 하나님은 모든 일을 말씀으로 행하십니다. 말씀으로 우주 만물을 창조하셨고, 말씀으로 다스리고 섭리하십니다. 인간도 하나님을 따라 말로 인생을 만들어 가고 세상을 변화시킵니다. 그러므로 지혜로운 말을 해야 합니다. 어떻게 하면 지혜로운 말을 할 수 있을까요?

지혜로운 자는 먼저 듣는다

지혜롭게 말하기 위해서는 먼저 잘 들어야 합니다. "명철한 자의 마음은 지식을 얻고 지혜로운 자의 귀는 지식을 구하느니라"(15절). 지혜로운 자는 성급하게 말하지 않고, 먼저 하나님의 지혜를 구합니다. 반대로 지혜롭지 못한 사람은 말을 성급하게 내뱉고 하나님께 지혜를 구하지도 않습니다. "사연을 듣기 전에 대답하는 자는 미련하여 욕을 당하느니라"(13절). 하나님의 이름은 견고한 망대입니다(10절). 견고하다는 것은 단지 튼튼한 것을 넘어 흔들리지 않고 멀리 내다볼 수 있다는 뜻입니다. 경솔하게 자신의 뜻과 생각대로 살다가는 어떤 장애물을 만날지 모릅니다. 하지만 하나님을 경외하는 자는 일이 어떻게 될지 예상하고 내다볼 수 있습니다. 그러므로 지금 어떻게 살아야 할지에 대해서도 정확한 판단을 내립니다. 하나님을 의지하여 멀리 내다보는 안목을 지니길 축복합니다.

말은 힘이 세다

말에는 엄청난 힘이 있습니다. "사람은 입에서 나오는 열매로 말미암아 배부르게 되나니 곧 그의 입술에서 나는 것으로 말미암아 만족하게 되느니라 죽고 사는 것이 혀의 힘에 달렸나니 혀를 쓰기 좋아하는 자는 혀의 열매를 먹으리라"(20, 21절). 우리나라 속담에도 "말이 씨가 된다"는 말이 있습니다. 씨를 뿌리면 열매가 나오는 것처럼 사람이 말을 한 것이 인생의 열매가 된다는 말입니다. 그렇기에 지혜로운 말을 한 사람은 그런 인생을 살게 됩니다. 반면 악한 말을 하면 인생을 망칠 수도 있습니다. 말의 힘이 얼마나 대단한가 하면, 사람을 죽이기도 하고 살리기도 합니다. 히틀러는 세 치 혀로 많은 사람들을 선동했고 인류 역사상 가장 비극적인 전쟁을 일으켰습니다. 반면 영국의 수상 처칠은 명연설로 영국 국민과 동맹국들을 선도하며 전승을 거두었습니다. 지혜로운 말을 해야 합니다. 살리는 말, 용기를 주는 말, 창조적인 말을 해야 합니다. 그럴 때 아름다운 열매를 거둘 수 있습니다.

말하기 전에 하나님의 지혜를 구한다면 나의 말이 아닌 하나님의 말이 내 입을 통해 흘러가게 됩니다. 그 말은 나를 살릴 뿐만 아니라 다른 사람을 살리고, 공동체를 살리는 말이 될 것입니다. 먼저는 우리 가정에서 지혜로운 말이 오고 가길 소망합니다.

❸ 나눔

1. 최근에 누군가에게 들은 말로 인해서 힘을 얻은 경험이 있다면 가족과 나눠 보세요.
2. 가족 간에 말을 잘못해서 상처를 준 경험이 있다면 용서를 구하는 시간을 가져 보세요.

❸ 기도

하나님, 우리 가정에서 오고 가는 말이 서로를 살리는 말이 되길 원합니다. 말하기보다는 듣기를 잘하게 하시고 무엇보다 하나님의 음성을 잘 듣는 가정이 되게 해주세요. 감사의 언어, 사랑의 언어가 가득한 가정이 되게 해주세요. 말의 지혜를 주시는 예수님의 이름으로 기도합니다. 아멘.

❸ 이번 주 우리 가족 미션

❸ 한 주의 생명 양식

1 ♥ 잠 16:1-15
2 ♥ 잠 16:16-33
3 ♥ 잠 17:1-14
4 ♥ 잠 17:15-28
5 ♥ 잠 18:1-12
6 ♥ 잠 18:13-24
7 ♥ 잠 19:1-14

지혜는 훈련이다

- 잠언 21장 15-31절
- 찬송가 259장 예수 십자가에 흘린 피로써

잠언 21장 15-31절

15 정의를 행하는 것이 의인에게는 즐거움이요 죄인에게는 패망이니라

16 명철의 길을 떠난 사람은 사망의 회중에 거하리라

17 연락을 좋아하는 자는 가난하게 되고 술과 기름을 좋아하는 자는 부하게 되지 못하느니라

18 악인은 의인의 속전이 되고 사악한 자는 정직한 자의 대신이 되느니라

19 다투며 성내는 여인과 함께 사는 것보다 광야에서 사는 것이 나으니라

20 지혜 있는 자의 집에는 귀한 보배와 기름이 있으나 미련한 자는 이것을 다 삼켜 버리느니라

21 공의와 인자를 따라 구하는 자는 생명과 공의와 영광을 얻느니라

22 지혜로운 자는 용사의 성에 올라가서 그 성이 의지하는 방벽을 허느니라

23 입과 혀를 지키는 자는 자기의 영혼을 환난에서 보전하느니라

24 무례하고 교만한 자를 이름하여 망령된 자라 하나니 이는 넘치는 교만으로 행함이니라

25 게으른 자의 욕망이 자기를 죽이나니 이는 자기의 손으로 일하기를 싫어함이니라

26 어떤 자는 종일토록 탐하기만 하나 의인은 아끼지 아니하고 베푸느니라

27 악인의 제물은 본래 가증하거든 하물며 악한 뜻으로 드리는 것이랴

²⁸ 거짓 증인은 패망하려니와 확실히 들은 사람의 말은 힘이 있느니라

²⁹ 악인은 자기의 얼굴을 굳게 하나 정직한 자는 자기의 행위를 삼가느니라

³⁰ 지혜로도 못하고, 명철로도 못하고 모략으로도 여호와를 당하지 못하느니라

³¹ 싸울 날을 위하여 마병을 예비하거니와 이김은 여호와께 있느니라

한 통계 자료에 의하면, 사람이 보통 만 16세가 될 때까지 부정적인 메시지를 17만 3천 번 정도 듣고, 긍정적인 메시지는 1만 6천 번 정도 듣는다고 합니다. 하루로 따져 보면 30마디의 부정적인 말을 들을 때, 3마디의 칭찬을 듣는 것입니다. 그런데 한 마디의 부정적인 말로 인해 받게 된 마음의 상처가 완전히 회복되기까지는 무려 40마디 이상의 긍정적인 말이 필요하다고 합니다. 그런데 현실은 그렇지 못하다 보니 부정적인 자아상을 가진 사람들이 많을 수밖에요. 말에는 힘이 있습니다. 오늘 본문은 지혜로운 말을 하기 위한 훈련에 대해서 가르치고 있습니다.

말을 절제하라

어떤 사람이 자기 영혼을 환난에서 지킬 수 있다고 말합니까? 입과 혀를 지키는 자입니다(23절). 바로 말에 절제가 있는 자입니다. 입과 혀를 지킬 줄 아는 사람이 자기의 영혼을 지킬 수 있고, 다른 사람의 영혼도 지키는 사람이 될 수 있습니다. 말에 절제가 없으면 여과 없이 말을 하게 됩니다. 그러다 보면 실수하게 되고, 누군가에게 상처 주는 말을 할 수 있습니다. 모든 관계의 어려움은 말에서부터 시작됩니다. 한 마디의 말이 오해를 불러일으키고, 서로 안 좋은 감정을 갖게 하고, 결국 관계를 망쳐 버립니다. 스위스 속담에 "아이의 손과 바보의 입은 늘 열려 있다"라는 말이 있습니다. 어리석은 사람은 말하기를 좋아합니다. 이것을 잘 알고 있던 다윗

은 어떻게 고백했습니까? "여호와여 내 입에 파수꾼을 세우시고 내 입술의 문을 지키소서"(시 141:3). 지혜로운 말을 위해서 절제 훈련은 필수입니다.

🌱하나님께 시선을 고정하라

지혜로운 말을 위한 두 번째 훈련은 우리의 시선을 하나님께 고정하는 것입니다. 잠언은 지혜의 근본은 여호와를 경외하는 것이라고 강조합니다. 즉 하나님과의 관계를 강조하고 있습니다. 하나님과의 관계 속에서 하나님이 만나게 하시는 영혼들을 바라보면 하나님의 형상이 보입니다. 존귀하고 보배로운 존재로 다가옵니다. 그렇기 때문에 함부로 말할 수 없습니다. 하나님을 경외하는 사람은 매사에 주께 하듯 사람과 관계를 맺고 그를 존중하게 됩니다. 말에 지혜가 있는 사람이 되기 위해서는 무엇보다 하나님께 시선을 고정하는 훈련을 해야 합니다. 그래야 하나님께서 기뻐하시는 말이 흘러나옵니다. 가족은 서로 친밀하다 보니 말을 함부로 할 때가 많습니다. 서로를 하나님의 형상으로 보기보다 고쳐야 할 대상으로 보기 때문입니다. 가족을 주께 하듯 사랑하길 바랍니다.

지혜로운 말을 하기 위해서는 훈련이 필요합니다. 말의 힘을 인식하고 말을 절제할 수 있어야 합니다. 이것은 하루아침에 되지 않습니다. 늘 깨어 말의 절제를 훈련하여 지혜로운 말이 습관이 되어야 합니다. 그리고 하나님께 시선을 고정하고 하나님과의 관계 속에서 말이 흘러나와야 합니다. 그럴 때 우리의 말을 통해 하나님이 함께하심을 경험하고, 말을 통해 사람을 세우고 살리는 인생이 될 것입니다.

🍂 나눔

1. 나의 언어 습관을 잘 살펴보고 고쳐야 할 부분이 있다면 가족과 나눠 보세요.
2. 하나님의 시선으로 가족을 바라보고 서로에게 축복하는 말을 해주세요.

🍂 기도

하나님, 우리 가정이 말할 때마다 하나님의 사랑이 흘러가길 원합니다. 잘못된 언어 습관이 있다면 훈련을 통해 고쳐 주세요. 함께 대화를 나누는 사람을 존귀하게 여겨 사랑의 대화를 나누게 해주세요. 우리를 존귀하게 여기시는 예수님의 이름으로 기도합니다. 아멘.

🍂 이번 주 우리 가족 미션

🍂 한 주의 생명 양식

1 ♥ 잠 19:15-29
2 ♥ 잠 20:1-15
3 ♥ 잠 20:16-30
4 ♥ 잠 21:1-14
5 ♥ 잠 21:15-31
6 ♥ 잠 22:1-16
7 ♥ 잠 22:17-29

'거울'이 아닌 '창문'으로 살라

- 잠언 25장 1-14절
- 찬송가 540장 주의 음성을 내가 들으니

잠언 25장 1-14절

¹ 이것도 솔로몬의 잠언이요 유다 왕 히스기야의 신하들이 편집한 것이니라

² 일을 숨기는 것은 하나님의 영화요 일을 살피는 것은 왕의 영화니라

³ 하늘의 높음과 땅의 깊음같이 왕의 마음은 헤아릴 수 없느니라

⁴ 은에서 찌꺼기를 제하라 그리하면 장색의 쓸 만한 그릇이 나올 것이요

⁵ 왕 앞에서 악한 자를 제하라 그리하면 그의 왕위가 의로 말미암아 견고히 서리라

⁶ 왕 앞에서 스스로 높은 체하지 말며 대인들의 자리에 서지 말라

⁷ 이는 사람이 네게 이리로 올라오라고 말하는 것이 네 눈에 보이는 귀인 앞에서 저리로 내려가라고 말하는 것보다 나음이니라

⁸ 너는 서둘러 나가서 다투지 말라 마침내 네가 이웃에게서 욕을 보게 될 때에 네가 어찌할 줄을 알지 못할까 두려우니라

⁹ 너는 이웃과 다투거든 변론만 하고 남의 은밀한 일은 누설하지 말라

¹⁰ 듣는 자가 너를 꾸짖을 터이요 또 네게 대한 악평이 네게서 떠나지 아니할까 두려우니라

¹¹ 경우에 합당한 말은 아로새긴 은 쟁반에 금 사과니라

¹² 슬기로운 자의 책망은 청종하는 귀에 금 고리와 정금 장식이니라

13 충성된 사자는 그를 보낸 이에게 마치 추수하는 날에 얼음 냉수 같아서 능히 그 주인의 마음을 시원하게 하느니라
14 선물한다고 거짓 자랑하는 자는 비 없는 구름과 바람 같으니라

자기밖에 모르던 인색한 부자가 유대인 랍비를 만나 자신의 인생에 교훈이 될 만한 한 가지 가르침을 달라고 부탁했습니다. 그러자 랍비는 그를 창가로 데리고 가서 이런 질문을 던졌습니다. "무엇이 보입니까?" 부자는 눈에 보이는 대로 대답했습니다. "지나가는 사람들이 보입니다." 이번에는 부자 앞에 커다란 거울을 세워 놓고 똑같은 질문을 던졌습니다. "무엇이 보입니까?" 부자는 대답했습니다. "제 얼굴이 보입니다." 그러자 랍비는 이렇게 말했습니다. "창문과 거울은 둘 다 유리로 되어 있다는 공통점이 있습니다. 하지만 거울 뒤에는 수은이 칠해져 있어서 밖이 보이지 않고 자기 자신밖에 볼 수 없습니다. 마찬가지로 내면에 이기심과 탐욕이라는 수은이 잔뜩 칠해진 사람은 자기밖에 모르는 불행한 인생을 살게 됩니다." 거울 인생과 창문 인생이 있습니다. 거울 인생은 자기밖에 모릅니다. 하지만 창문 인생은 창 너머에 계신 하나님을 생각하고 더불어 이웃을 생각합니다. 오늘 본문은 창문 인생을 살아가는 사람들의 말이 거울 인생을 살아가는 사람들의 말과 어떻게 다른지를 잘 드러내고 있습니다.

다른 사람의 허물을 누설하지 말라

이웃과 변론할 일이 있을 때 요점에서 벗어나 이웃의 허물을 들추어내지 말아야 합니다(9절). 이웃과 다투거나 변론할 일이 생겼을 때 대부분의 사람들은 감정적으로 반응합니다. 다른 사람의 허물을 들춰내는 일도 마다하지 않습니다. 왜 그럴까요? 그렇게 할 때 상황이 자신에게 유리해질

것이라고 생각하기 때문입니다. 자신이 더 유리한 입장에 서기 위해 다른 사람을 깎아내리는 것입니다. 이런 사람은 교만한 사람입니다. 성경은 이런 사람에게 도리어 악평이 떠나지 않을 것이라고 말합니다(10절). 하나님은 우리가 오히려 다른 사람을 세워 주는 자들이 되길 원하십니다. 내가 손해를 보더라도 다른 사람이 유익하게 해주기를 원하십니다. 이것이 창문 인생을 살아가는 사람들의 라이프 스타일입니다.

🌿경우에 합당한 말을 하라

경우에 합당한 말은 아로새긴 은 쟁반의 금 사과 같습니다(11절). 하지만 경우에 합당한 말을 하는 것은 결코 쉽지 않습니다. 이를 위해서는 상당한 훈련과 노력이 필요합니다. 아무리 좋은 말이라도 경우에 합당하게 하는 지혜가 필요합니다. 하나님의 말씀을 전하는 일이라도 상황을 고려하지 않고 전하면 오히려 역효과가 날 수 있습니다. 그저 내가 알고 있고, 나에게 유익을 주는 것이라고 해서 상대방의 상황과 때를 고려하지 않고 말을 전달하는 것은 거울 인생을 사는 사람의 모습입니다. 우리는 창문 인생을 사는 자들이어야 합니다. 늘 하나님을 바라보고, 이웃을 바라볼 수 있어야 합니다. 그럴 때 상대방의 상황을 고려하게 되고 때를 구하는 지혜를 구하게 됩니다.

거울 인생이 아니라 창문 인생을 살아야 합니다. 다른 사람의 허물을 누설하지 않고, 경우에 합당한 말을 해야 합니다. 나를 주목하게 하는 말이 아니라 하나님을 바라볼 수 있도록 하는 말을 해야 합니다. 그럴 때 혀를 지키게 됩니다. 우리 가정이 이런 삶을 살길 원합니다.

❸ 나눔

1. 창문과 거울 중에 나의 언어는 어느 쪽에 가까운지 가족과 나눠 보세요.
2. 경우에 합당한 말을 하여 분위기를 한껏 밝힌 적이 있다면 그때의 상황을 가족과 나눠 보세요.

❸ 기도

하나님, 우리 가정이 이기심으로 가득 찬 거울 같은 인생이 아닌 하나님을 보여 주는 창문 같은 인생이 되길 원합니다. 다른 사람의 허물을 덮어 주고 경우에 합당한 말을 하여 사람을 살리는 가정이 되게 해주세요. 귀하신 예수님의 이름으로 기도합니다. 아멘.

❸ 이번 주 우리 가족 미션

❸ 한 주의 생명 양식

1 ♥ 잠 23:1-14
2 ♥ 잠 23:15-35
3 ♥ 잠 24:1-22
4 ♥ 잠 24:23-34
5 ♥ 잠 25:1-14
6 ♥ 잠 25:15-28
7 ♥ 잠 26:1-16

59

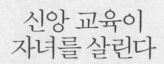

9주

신앙 교육이
자녀를 살린다

- 잠언 29장 15-27절
- 찬송가 412장 내 영혼의 그윽히 깊은 데서

잠언 29장 15-27절

15 채찍과 꾸지람이 지혜를 주거늘 임의로 행하게 버려 둔 자식은 어미를 욕되게 하느니라

16 악인이 많아지면 죄도 많아지나니 의인은 그들의 망함을 보리라

17 네 자식을 징계하라 그리하면 그가 너를 평안하게 하겠고 또 네 마음에 기쁨을 주리라

18 묵시가 없으면 백성이 방자히 행하거니와 율법을 지키는 자는 복이 있느니라

19 종은 말로만 하면 고치지 아니하나니 이는 그가 알고도 따르지 아니함이니라

20 네가 말이 조급한 사람을 보느냐 그보다 미련한 자에게 오히려 희망이 있느니라

21 종을 어렸을 때부터 곱게 양육하면 그가 나중에는 자식인 체하리라

22 노하는 자는 다툼을 일으키고 성내는 자는 범죄함이 많으니라

23 사람이 교만하면 낮아지게 되겠고 마음이 겸손하면 영예를 얻으리라

24 도둑과 짝하는 자는 자기의 영혼을 미워하는 자라 그는 저주를 들어도 진술하지 아니하느니라

25 사람을 두려워하면 올무에 걸리게 되거니와 여호와를 의지하는 자는 안전하리라

26 주권자에게 은혜를 구하는 자가 많으나 사람의 일의 작정은 여호와께로 말미암느니라

27 불의한 자는 의인에게 미움을 받고 바르게 행하는 자는 악인에게 미움을 받느니라

자녀 교육. 이 단어만 등장하면 모든 부모의 마음이 복잡하고 혼란스러워집니다. 어떤 교육 전문가는 아이들이 주도적으로 살아갈 수 있도록 자유롭게 키우라 하고, 또 다른 교육 전문가는 어릴 적 좋은 습관을 들이기 위해서 엄격하게 키워야 한다고 말합니다. 빅 데이터 시대가 되면서 교육의 방향이 더욱 혼란스러워졌습니다. 하지만 혼란스러워할 필요가 없습니다. 자녀 양육에 대한 하나님의 기준은 한번도 변한 적이 없기 때문입니다. 하나님이 만드신 자녀를 하나님의 방법대로 양육해야 합니다. 자녀 양육, 어떻게 해야 합니까?

말씀이 기준이다

자녀 양육을 위해서 부모는 교육 기준이 명확해야 합니다. 특별히 자녀를 훈육하는 데 있어서 기준이 명확해야 자녀들이 책망을 들을 때 혼란스럽지 않습니다. "채찍과 꾸지람이 지혜를 주거늘 임의로 행하게 버려 둔 자식은 어미를 욕되게 하느니라"(15절). 말씀의 길에서 벗어날 때는 반드시 엄격하게 꾸짖어야 합니다. 훈육이 없으면 자녀를 망칠 수 있습니다. 부모에게 주어진 가장 큰 책무는 자녀를 말씀의 사람이 되도록 하는 것입니다. 사랑의 징계와 바른 말씀으로 양육받는 자녀는 하나님 나라와 믿음의 공동체에 기쁨과 평안과 영예를 안겨 주는 사람으로 성장할 것입니다. 부모의 생각과 가치관을 자녀에게 주입하는 것이 아니라 부모도 자녀도 모두 하나님의 말씀을 따를 때 복된 가정을 이루게 됩니다.

신앙 교육이 필요하다

부모는 자녀가 잘되길 바라는 마음에서 교육에 더욱 힘을 씁니다. 그런데 한국에서 교육이라고 하면 입시와 동의어로 사용되는 듯합니다. 모든 교육이 입시에 맞추어져 있습니다. 하지만 그것은 교육의 한 단면이지 교육의 전부일 수는 없습니다. 내 자녀가 평생 잘되길 원한다면 율법을 지키는 자로 교육해야 합니다. "묵시가 없으면 백성이 방자히 행하거니와 율법을 지키는 자는 복이 있느니라"(18절). 오직 율법을 지키는 자, 즉 말씀대로 살아가는 자가 복이 있습니다. 삶의 중심에 말씀이 없으면 삶의 기준과 방향과 목표를 바르게 세울 수 없습니다. 그러므로 가정과 공동체가 하나님의 말씀을 중심으로 든든히 세워지도록 힘써야 합니다. 자녀들에게 말씀을 가르쳐야 하고, 그 말씀을 기준으로 살아가는 법을 교육해야 합니다. 즉 신앙 교육이 절대적으로 필요합니다.

신앙 교육은 반드시 필요합니다. 그런데 이때 주의할 것이, 말씀을 말로만 전해서는 안 된다는 것입니다. 자녀는 부모의 뒷모습을 보고 자라기 때문에 부모는 자신이 가르치는 말씀대로 살아가야 합니다. 부모의 삶이 교육의 교재가 되어야 합니다. 부모의 삶 자체가 메시지가 되어야 합니다. 자녀 교육에 혼란이 없기를 바랍니다. 하나님의 교육 방법과 기준은 한 번도 변한 적이 없습니다.

🔵 나눔

1. 부모는 자녀에게 바라는 점, 자녀는 부모에게 바라는 점을 서로 나눠 보세요.
2. 신앙 교육을 위한 가정 계획을 온 가족이 함께 세워 보세요.

🔵 기도

하나님, 우리 가정이 말씀에 순종하는 가정이 되길 원합니다. 부모와 자녀 모두 말씀을 따라 살게 하시고 서로의 삶이 서로에게 도전이 되는 가정이 되게 해주세요. 참된 스승이 되시는 예수님의 이름으로 기도합니다. 아멘.

🔵 이번 주 우리 가족 미션

🔵 한 주의 생명 양식

1 ♥ 잠 26:17-28
2 ♥ 잠 27:1-13
3 ♥ 잠 27:14-27
4 ♥ 잠 28:1-18
5 ♥ 잠 28:19-28
6 ♥ 잠 29:1-14
7 ♥ 잠 29:15-27

해 위의 인생을 살라

- 전도서 1장 1-11절
- 찬송가 406장 곤한 내 영혼 편히 쉴 곳과

전도서 1장 1-11절

¹ 다윗의 아들 예루살렘 왕 전도자의 말씀이라

² 전도자가 이르되 헛되고 헛되며 헛되고 헛되니 모든 것이 헛되도다

³ 해 아래에서 수고하는 모든 수고가 사람에게 무엇이 유익한가

⁴ 한 세대는 가고 한 세대는 오되 땅은 영원히 있도다

⁵ 해는 뜨고 해는 지되 그 떴던 곳으로 빨리 돌아가고

⁶ 바람은 남으로 불다가 북으로 돌아가며 이리 돌며 저리 돌아 바람은 그 불던 곳으로 돌아가고

⁷ 모든 강물은 다 바다로 흐르되 바다를 채우지 못하며 강물은 어느 곳으로 흐르든지 그리로 연하여 흐르느니라

⁸ 모든 만물이 피곤하다는 것을 사람이 말로 다 말할 수는 없나니 눈은 보아도 족함이 없고 귀는 들어도 가득 차지 아니하도다

⁹ 이미 있던 것이 후에 다시 있겠고 이미 한 일을 후에 다시 할지라 해 아래에는 새 것이 없나니

¹⁰ 무엇을 가리켜 이르기를 보라 이것이 새 것이라 할 것이 있으랴 우리가 있기 오래 전 세대들에도 이미 있었느니라

벤자민 프랭클린(Benjamin Franklin)은 "삶이 비극인 것은 우리가 너무 일찍 늙고 너무 늦게 철이 든다는 것이다"라고 말했습니다. 우리 옛말에도 "철들자 죽는다"는 말이 있습니다. 사람들은 어리석어서 인생에서 중요한 것을 미리 깨닫지 못하고 다 경험해 보고 나서야 깨닫곤 합니다. 인생의 노년에 접어든 솔로몬은 자신이 살아온 지난날을 돌아보면서 '해 아래' 인생의 헛됨을 고백했습니다. 그의 고백에서 우리는 인생을 어떻게 살아가야 할지를 배우게 됩니다. 그것은 더 늦기 전에 깨달아야 할 교훈입니다.

❧ '해 아래'에서 '해 위'의 인생을 꿈꾸다

전대미문의 큰 성공을 거둔 솔로몬은 인생을 다음과 같이 말합니다. "헛되고 헛되며 헛되고 헛되니 모든 것이 헛되도다"(2절). 솔로몬은 다윗의 뒤를 이어 강력한 왕권을 이루었고, 여러 나라와 교역을 통해 엄청난 부와 재물을 얻었습니다. 지혜에 있어서는 그를 능가할 사람이 없었습니다. 세상 사람들이 가장 얻고 싶어 하는 모든 것을 이룬 사람이 있다면 바로 솔로몬일 것입니다. 그러나 솔로몬은 '해 아래' 인생의 헛됨에 대해 말하고 있습니다. 전도서에는 '해 아래'라는 말이 29번이나 반복됩니다. 그러나 이는 반어적인 표현입니다. 그만큼 '해 위'의 삶을 추구해야 함을 강조하는 것이라고 할 수 있습니다. 이 땅에서의 삶을 바라보는 것이 아니라 해 위의 삶을 추구하며 하나님을 바라보아야 함을 강조하는 것입니다. 전도서가 많은 지면을 할애해 헛됨을 강조하는 목적이 무엇입니까? 그것은 우리로 하여금 '해 아래' 삶을 추구하지 말고 '해 위'의 삶을 추구하도록 인도하기 위함입니다.

영적 목마름은 하나님만이 해갈할 수 있다

하나님의 형상을 지닌 인간은 하나님에 대한 목마름이 있습니다. 이 갈증은 이 땅의 것으로는 채울 수가 없습니다. "모든 강물은 다 바다로 흐르되 바다를 채우지 못하며 강물은 어느 곳으로 흐르든지 그리로 연하여 흐르느니라 모든 만물이 피곤하다는 것을 사람이 말로 다 말할 수는 없나니 눈은 보아도 족함이 없고 귀는 들어도 가득 차지 아니하도다"(7, 8절). 눈은 보아도 족함이 없습니다. 귀는 들어도 가득 차지 않습니다. 목마름이 해갈되지 않는 것이 인생입니다. '해 아래' 이 세상의 모든 것은 아무리 채워도 채워지지 않고, 만족을 주지 못합니다. 그것이 인생입니다. 영적 목마름은 오직 하나님만이 해결해 주실 수 있습니다. 영적 목마름을 느낄 때 우리 또한 말씀을 사모하게 됩니다. 그리고 그 말씀 속에서 복음의 능력을 경험하게 됩니다. 복음이 우리 삶에 들어오면 우리의 밀실이 깨지고 광장이 열리게 됩니다. 하나님에 대한 목마름을 크게 느끼는 가정이 되길 바랍니다.

'해 아래' 인생에는 진정한 기쁨이 없습니다. 채워짐이 없습니다. 늘 결론은 헛됨입니다. 그러나 '해 아래' 살아가지만 '해 위'의 인생을 꿈꿀 때 인생에 혁명이 일어납니다. 영적 목마름을 가지고 하나님을 찾을 때 세상 그 무엇으로도 해결할 수 없었던 해갈의 기쁨, 영생하도록 솟아나는 샘물의 은혜를 누리게 됩니다.

❸ 나눔

1. '인생이 참 헛되다'라고 느낀 적이 있다면 어떤 면에서 그랬는지 가족과 나눠
   보세요.
2. 영적인 목마름을 해결하기 위해서 우리 가정이 무엇을 해야 할지, 그 방법을
   세워 보세요.

❸ 기도

하나님, 우리 가정이 사슴이 시냇물을 찾듯이 하나님을 향한 목마름을 느끼는 가
정이 되길 원합니다. 해 아래의 것으로 우리 가정을 채우지 않고 하늘의 것으로
우리 가정을 채우도록 도와주세요. 우리 가정의 생수가 되시는 예수님의 이름으
로 기도합니다. 아멘.

❸ 이번 주 우리 가족 미션

❸ 한 주의 생명 양식

1 ♥ 잠 30:1-17
2 ♥ 잠 18-33
3 ♥ 잠 31:1-9
4 ♥ 전 1:1-11
5 ♥ 전 1:12-18
6 ♥ 전 2:1-11
7 ♥ 전 2:12-26

하나보다 둘,
둘보다 우리

- 전도서 4장 9-16절
- 찬송가 524장 갈 길을 밝히 보이시니

전도서 4장 9-16절

9 두 사람이 한 사람보다 나음은 그들이 수고함으로 좋은 상을 얻을 것임이라

10 혹시 그들이 넘어지면 하나가 그 동무를 붙들어 일으키려니와 홀로 있어 넘어지고 붙들어 일으킬 자가 없는 자에게는 화가 있으리라

11 또 두 사람이 함께 누우면 따뜻하거니와 한 사람이면 어찌 따뜻하랴

12 한 사람이면 패하겠거니와 두 사람이면 맞설 수 있나니 세 겹 줄은 쉽게 끊어지지 아니하느니라

13 가난하여도 지혜로운 젊은이가 늙고 둔하여 경고를 더 받을 줄 모르는 왕보다 나으니

14 그는 자기의 나라에서 가난하게 태어났을지라도 감옥에서 나와 왕이 되었음이니라

15 내가 본즉 해 아래에서 다니는 인생들이 왕의 다음 자리에 있다가 왕을 대신하여 일어난 젊은이와 함께 있고

16 그의 치리를 받는 모든 백성들이 무수하였을지라도 후에 오는 자들은 그를 기뻐하지 아니하리니 이것도 헛되어 바람을 잡는 것이로다

아프리카 속담에 "빨리 가려면 혼자 가고, 멀리 가려면 함께 가라"는 말

이 있습니다. 혼자보다는 무리와 조화를 이루면서 상생(Win-Win)하는 삶을 권장하는 이 가르침은 오늘날 우리 시대에 딱 들어맞는 성공 논리입니다. 지혜의 왕으로 알려진 솔로몬이 본문을 통해 우리에게 주는 삶의 지침도 이와 같습니다. 바로 '두 사람'이 '한 사람'보다 낫다는 것입니다. 본문을 통해 '두 사람'이 '한 사람'보다 나은 이유가 무엇인지 함께 살펴보길 원합니다.

다 함께 수고할 때 더 좋은 결과를 얻는다

무슨 일을 하든지 혼자 하는 것보다 여러 사람이 함께하는 것이 훨씬 더 좋은 결과를 얻을 수 있습니다(9절). 예수님도 70인의 전도 대원들을 보내실 때 혼자가 아닌 두 사람씩 짝을 지어 파송하셨습니다. 하나님께 예배하고 기도를 드릴 때도 혼자보다는 여러 사람이 함께하는 것이 좋습니다. 마태복음 18장 20절입니다. "두세 사람이 내 이름으로 모인 곳에는 나도 그들 중에 있느니라." 오순절 마가의 다락방에 성령이 임하실 때도 120명의 성도가 모여 합심으로 기도했습니다. 이처럼 함께할 때 시너지가 커지고, 더 좋은 결과를 얻을 수 있습니다. 인생을 살다 보면 넘어질 때가 있습니다(10절). 누구나 다 넘어집니다. 다시 일어서면 됩니다. 이때 누군가 나의 손을 잡아 주고 일으켜 세워 준다면 보다 쉽게 일어설 수 있습니다. 먼저는 우리 가족이 서로에게 그런 존재가 되길 바랍니다.

함께할 때 승리한다

한 사람이면 패할 수 있습니다. 그러나 두 사람이면 맞설 수 있고, 승리할 수 있습니다. 그리고 하나님께서 함께하시는 세 겹 줄이 되면 쉽게 끊어지지 않습니다(12절). 나뭇가지 하나를 부러뜨리는 것은 쉽습니다. 하지만 가느다란 나뭇가지가 여러 개 모여 있으면 부러뜨리기 쉽지 않습니다. 마찬가지로 성도 한 사람은 약하나 성도가 함께 모여 하나님의 이름을 부를 때 강해집니다. 출애굽한 이스라엘은 르비딤에서 아말렉과 전투를 벌입니다. 이제 막 출애굽한 이스라엘은 전쟁을 한 번도 해본 적 없는 오합지졸이었습니다. 그럼에도 이스라엘은 전쟁에서 승리했습니다. 무슨 일이 있었던 겁니까? 여호수아가 백성들을 이끌고 전투하고 있을 때 모세는 그 현장을 바라보며 기도했습니다. 아론과 훌은 그런 모세 양 옆에 서서 그가 기도하는 것을 도왔습니다. 함께 하나님을 바라볼 때 결코 승산이 없어 보이는 전쟁도 이길 수 있습니다. 세 겹 줄의 믿음은 하나님의 기적을 경험하게 합니다.

하나님은 우리가 함께하길 원하십니다. 예수님도 십자가를 지기 전에 성도의 하나 됨을 위해서 기도하셨습니다(요 17장). 하나님을 바라보는 일에 하나가 되길 원하시고, 이 세상에서 승리하는 일에 하나가 되어 함께 세 겹 줄의 공동체를 만들어 가길 원하십니다. 먼저는 가족과 하나되어야 합니다. 하나님 안에서 하나된 가족은 하나님의 놀라운 은혜를 경험하게 될 것입니다.

❸ 나눔

1. 혼자 빨리 갈 수 있었으나 함께해서 더 보람된 적이 있다면 그때 경험을 가족과 나눠 보세요.
2. 우리 가족이 함께 무엇인가를 해서 좋은 추억을 쌓은 일이 있다면 그 내용을 나눠 보세요.

❸ 기도

하나님, 우리 가정이 혼자 질주하듯 살지 않게 하시고 이웃을 돌아볼 줄 알게 해주세요. 혼자 독식하기보다는 더불어 나누는 삶을 살게 해주세요. 우리 가정과 함께하시는 예수님의 이름으로 기도합니다. 아멘.

❸ 이번 주 우리 가족 미션

❸ 한 주의 생명 양식

1 ❤ 전 3:1-8
2 ❤ 전 3:9-15
3 ❤ 전 3:16-22
4 ❤ 전 4:1-8
5 ❤ 전 4:9-16
6 ❤ 전 5:1-9
7 ❤ 전 5:10-20

더 나은 가치를 추구하라

- 전도서 7장 1-14절
- 찬송가 453장 예수 더 알기 원하네

전도서 7장 1-14절

¹ 좋은 이름이 좋은 기름보다 낫고 죽는 날이 출생하는 날보다 나으며

² 초상집에 가는 것이 잔칫집에 가는 것보다 나으니 모든 사람의 끝이 이와 같이 됨이라 산 자는 이것을 그의 마음에 둘지어다

³ 슬픔이 웃음보다 나음은 얼굴에 근심하는 것이 마음에 유익하기 때문이니라

⁴ 지혜자의 마음은 초상집에 있으되 우매한 자의 마음은 혼인집에 있느니라

⁵ 지혜로운 사람의 책망을 듣는 것이 우매한 자들의 노래를 듣는 것보다 나으니라

⁶ 우매한 자들의 웃음 소리는 솥 밑에서 가시나무가 타는 소리 같으니 이것도 헛되니라

⁷ 탐욕이 지혜자를 우매하게 하고 뇌물이 사람의 명철을 망하게 하느니라

⁸ 일의 끝이 시작보다 낫고 참는 마음이 교만한 마음보다 나으니

⁹ 급한 마음으로 노를 발하지 말라 노는 우매한 자들의 품에 머무름이니라

¹⁰ 옛날이 오늘보다 나은 것이 어찜이냐 하지 말라 이렇게 묻는 것은 지혜가 아니니라

¹¹ 지혜는 유산 같이 아름답고 햇빛을 보는 자에게 유익이 되도다

¹² 지혜의 그늘 아래에 있음은 돈의 그늘 아래에 있음과 같으나, 지혜에 관한 지식이 더 유익함은 지혜가 그 지혜 있는 자를 살리기 때문이니라

¹³ 하나님께서 행하시는 일을 보라 하나님께서 굽게 하신 것을 누가 능히 곧게 하겠느냐

형통한 날에는 기뻐하고 곤고한 날에는 되돌아 보아라 이 두 가지를 하나님이 병행하게 하사 사람이 그의 장래 일을 능히 헤아려 알지 못하게 하셨느니라

팜스프링스(Palm Springs)는 LA에서 2시간 정도 떨어진 곳으로 사막 한 가운데 펼쳐진 인공 오아시스와 뜨거운 온천수, 푸른 잔디 지대, 200개가 넘는 골프 코스 등으로 둘러싸인 고급 휴양도시입니다. 그래서 미국의 은퇴자들이 가장 살고 싶어 하는 도시 중 하나입니다. 이곳에는 독특한 특징이 하나 있는데 바로 거리에 가로등이 없다는 것입니다. 사막의 가장 큰 자원은 바로 별빛인데 가로등이 이를 방해한다고 판단하여 가로등을 모두 없애 버린 것입니다. 가로등이 없으면 불편한 것이 많지만 더 높은 가치를 위해 기꺼이 낮은 가치를 포기한 것입니다. 이처럼 더 높은 가치를 위해 낮은 가치를 포기하는 것을 '가치 이동'이라고 합니다. 솔로몬은 인생의 부귀영화를 다 누린 사람이었으나 전도서를 통해 인생의 헛됨을 고백합니다. 인생의 '가치 이동'을 경험했기 때문입니다. 세상의 부귀영화보다 더 큰 가치를 발견했기 때문입니다. 그가 발견한 가치는 무엇입니까?

고난 중에 하나님의 뜻을 발견하라

솔로몬은 우리가 피하고 싶어 하는 그것이 오히려 더 나은 것이라고 말합니다(1, 2절). 어떻게 죽는 날이 태어난 날보다 더 나을 수 있습니까? 하지만 지혜로운 자는 혼인집보다 초상집에 마음을 두고 살아갑니다. 이런 마음이 더 나은 삶을 살게 하는 원동력이 됩니다. 예수님은 고난을 당하시고 부활의 영광을 취하셨습니다. 예수님처럼 사는 것이 더 나은 삶을 사는 것입니다. 그래야 주님의 영광이 나타날 때 우리도 즐거워하고 기뻐할 것이 있습니다. 인간은 유한한 존재임에도 자신이 인생의 마지막을 향해 달

려가고 있다는 사실을 자주 망각합니다. 그러나 초상집에 가면, 어느 누구도 예외 없이 한 줌의 흙으로 변할 수밖에 없음을 직시하게 됩니다. 인생의 종착지가 어디인지를 염두에 둘 때 사람은 더 나은 가치를 추구하는 인생을 살아갈 수 있습니다. 지혜로운 사람은 고난을 만날 때 고난을 피하려고 하지 않습니다. 오히려 고난을 받아들이고 고난 속에 담긴 하나님의 뜻을 발견하려고 힘씁니다. 그것이 지혜입니다.

하나님을 인정하라

하나님은 인생의 길을 평탄하게 하실 뿐 아니라 굽게도 하시는 분입니다(13, 14절). 그러므로 형통한 날에는 기뻐하고, 곤고한 날에는 되돌아볼 수 있는 지혜가 필요합니다. 하나님이 행하신 것을 인정하고 그렇게 하신 목적과 이유가 무엇인지를 생각하는 것입니다. 하나님이 굽게 하신 것을 곧게 할 수 있는 사람은 없습니다. 세상 모든 일을 주관하시는 분이 하나님이시므로 우리는 다만 그 하나님을 신뢰해야 합니다. 이것이 하나님에 대한 바른 태도이며, 더 나은 삶을 위한 필수 조건입니다. 솔로몬은 인생의 노년에 이르러서야 이 진리를 깨닫습니다. 많은 것을 누리고 형통한 인생을 살았지만 거기에 참된 가치가 없음을 깨달았습니다. 오직 하나님을 인정하고, 하나님의 지혜를 따라 살아가는 것이 진정 가치 있는 삶임을 깨달았습니다.

참된 지혜를 가진 사람은 보통의 사람들과 다른 면모를 보입니다. 고난을 피하지 않고 받아들입니다. 자신을 찾아온 고난을 낭비하지 않고 그 가운데 선하신 하나님의 뜻을 발견합니다. 하나님의 주권을 인정하기에 모든 인생의 시기를 보내면서 하나님의 뜻을 찾으려 합니다. 보다 높은 가치를 추구하는 가정이 되기를 바랍니다.

❸ 나눔

1. 이전에 중요하던 것이 이제는 하찮게 여겨지는 '가치 이동'을 경험한 적이 있다면 가족과 나눠 보세요.
2. 고난의 시기를 보냈으나 그 가운데 하나님의 뜻을 발견한 적이 있다면 가족과 나눠 보세요.

❸ 기도

하나님, 우리 가정이 중요하게 여기는 가치가 이 땅의 것이 되지 않기를 원합니다. 보다 높은 하나님의 가치를 갈망하는 가정이 되게 해주세요. 최고의 가치가 되시는 예수님의 이름으로 기도합니다. 아멘.

❸ 이번 주 우리 가족 미션

❸ 한 주의 생명 양식

1 ♥ 전 6:1-12
2 ♥ 전 7:1-14
3 ♥ 전 7:15-29
4 ♥ 전 8:1-8
5 ♥ 전 8:9-17
6 ♥ 전 9:1-6
7 ♥ 전 9:7-12

하나님을 경외하라

- 전도서 12장 9-14절
- 찬송가 292장 주 없이 살 수 없네

전도서 12장 9-14절

9 전도자는 지혜자이어서 여전히 백성에게 지식을 가르쳤고 또 깊이 생각하고 연구하여 잠언을 많이 지었으며

10 전도자는 힘써 아름다운 말들을 구하였나니 진리의 말씀들을 정직하게 기록하였느니라

11 지혜자들의 말씀들은 찌르는 채찍들 같고 회중의 스승들의 말씀들은 잘 박힌 못 같으니 다 한 목자가 주신 바이니라

12 내 아들아 또 이것들로부터 경계를 받으라 많은 책들을 짓는 것은 끝이 없고 많이 공부하는 것은 몸을 피곤하게 하느니라

13 일의 결국을 다 들었으니 하나님을 경외하고 그의 명령들을 지킬지어다 이것이 모든 사람의 본분이니라

14 하나님은 모든 행위와 모든 은밀한 일을 선악 간에 심판하시리라

소중한 사람이나 존경하는 사람이 옆에 있으면 말과 행동을 조심하게 됩니다. 음식을 먹을 때도 얼마나 신경을 쓰면서 먹는지 모릅니다. 운전할

때도 평소와 다르게 조심합니다. 왜 그렇습니까? 소중한 분이기에 그렇게 하는 것이 예절이고, 마음으로부터 잘해 드리고 싶기 때문입니다. 주님이 지금 우리 옆에 계시다면 우리의 말과 행동은 어떨까요? 아마 지금과 많이 다르지 않을까요? 하나님을 경외하는 사람은 어떤 삶을 살아가야 합니까? 오늘 본문을 통해 하나님을 경외하는 사람들의 삶의 모습이 어떠해야 하는지 함께 살펴보겠습니다.

✿하나님 알기를 힘쓰라

지혜로운 전도자는 전심전력으로 말씀을 가르쳤다고 말합니다(9, 10절). 왜 그랬을까요? 오로지 말씀을 통해서만 하나님을 알 수 있기 때문입니다. 하나님을 아는 것이 하나님을 경외하는 첫 단계이기 때문입니다. 그는 말씀을 깊이 생각하고 연구했습니다. 말씀에 담긴 객관적인 진리는 깊은 묵상과 진지한 연구를 통해서만 드러나기 때문입니다. 말씀을 대하는 전도자의 태도는 우리에게 하나님을 알아 감에 있어 말씀이 가지는 절대적인 중요성을 깨우쳐 줍니다. 힘써 말씀을 읽고 깊이 연구할 때 하나님을 깊이 알아 가고 하나님을 경외할 수 있습니다. 그러므로 신자는 말씀을 배우는 일에 전력을 다해야 합니다. 말씀을 깊이 생각하고 연구해서 그 안에 담긴 하나님의 뜻을 발견하기를 힘써야 합니다. 말씀은 온전히 헌신하는 자에게 풍성한 진리의 보고를 열어 보입니다.

✿말씀에 순종하라

전도서 전체를 마무리하는 결론은 '하나님을 경외하라'입니다(13, 14절). 이것이 모든 사람의 본분, 즉 삶의 전부입니다. 이는 반드시 그분의 명령을 지키는 순종으로 드러납니다. 말씀을 통해 하나님을 알아 가고, 마음을 찌르는 말씀을 피하지 않고 받으며, 그 말씀을 지키는 것이 하나님을 경외하는 것입니다. 하나님은 모든 행위를 선악 간에 심판하실 주님이기 때문입니다. 이것이 모든 일의 결국입니다. 하나님을 경외하는 것 외에 다른 지혜란 있을 수 없습니다. 때론 채찍과 같을지라도 그 말씀을 피하지 않고 받는 자는 하나님을 경외하는 삶을 완성하는 마지막 단계로 들어가게 됩니다. 글로만 하는 사랑이 사랑일 수 없듯이, 말로만 하는 경외 또한 참된 경외일 수 없습니다.

신자는 하나님을 경외하는 삶을 살아야 합니다. 하나님을 경외하는 사람은 어떻게 살까요? 하나님을 알기를 힘씁니다. 하나님의 말씀대로 살기를 힘씁니다. 하나님을 알고 그의 말씀을 따라 살기를 힘쓰지 않는다면 그는 하나님을 경외하는 자라고 볼 수 없습니다. 오늘 삶의 자리에서 하나님을 경외하는 자, 하나님의 살아 계심을 믿고 신뢰하는 자로 살아가길 바랍니다.

🔇 나눔

1. 최근에 읽은 성경 말씀 가운데 깊은 도전과 의미를 발견한 구절이 있다면 가족과 나눠 보세요.
2. 최근에 말씀에 순종하기 어려운 상황 속에서도 말씀에 순종한 경험이 있다면 가족과 나눠 보세요.

🔇 기도

하나님, 우리 가정의 결론이 전도서의 결론처럼 하나님을 경외하는 것이길 소망합니다. 하나님을 알기 위해서 더욱 힘쓰게 하시고 앎과 삶이 하나 되는 가정이 되게 해주세요. 경외하는 예수님의 이름으로 기도합니다. 아멘.

🔇 이번 주 우리 가족 미션

🔇 한 주의 생명 양식

1 ❤ 전 9:13-18
2 ❤ 전 10:1-11
3 ❤ 전 10:12-20
4 ❤ 전 11:1-10
5 ❤ 전 12:1-8
6 ❤ 전 12:9-14
7 ❤ 욜 1:1-20

제자를 부르시는 예수님

- 누가복음 5장 1-11절
- 찬송가 435장 나의 영원하신 기업

누가복음 5장 1-11절

1 무리가 몰려와서 하나님의 말씀을 들을새 예수는 게네사렛 호숫가에 서서

2 호숫가에 배 두 척이 있는 것을 보시니 어부들은 배에서 나와서 그물을 씻는지라

3 예수께서 한 배에 오르시니 그 배는 시몬의 배라 육지에서 조금 떼기를 청하시고 앉으사 배에서 무리를 가르치시더니

4 말씀을 마치시고 시몬에게 이르시되 깊은 데로 가서 그물을 내려 고기를 잡으라

5 시몬이 대답하여 이르되 선생님 우리들이 밤이 새도록 수고하였으되 잡은 것이 없지마는 말씀에 의지하여 내가 그물을 내리리이다 하고

6 그렇게 하니 고기를 잡은 것이 심히 많아 그물이 찢어지는지라

7 이에 다른 배에 있는 동무들에게 손짓하여 와서 도와 달라 하니 그들이 와서 두 배에 채우매 잠기게 되었더라

8 시몬 베드로가 이를 보고 예수의 무릎 아래에 엎드려 이르되 주여 나를 떠나소서 나는 죄인이로소이다 하니

9 이는 자기 및 자기와 함께 있는 모든 사람이 고기 잡힌 것으로 말미암아 놀라고

10 세베대의 아들로서 시몬의 동업자인 야고보와 요한도 놀랐음이라 예수께서 시몬에게 이르시되 무서워하지 말라 이제 후로는 네가 사람을 취하리라 하시니

80

많은 무리가 예수님을 찾아왔습니다. 때로는 예수님의 말씀을 듣기 위해서, 때로는 자신의 문제를 해결받기 위해서, 때로는 신학적인 문제에 대한 예수님의 답변을 듣기 위해서 예수님을 찾아왔습니다. 하지만 그들은 예수님을 끝까지 따르기에는 무리였습니다. 오늘 본문은 예수님께서 첫 번째 제자들을 부르시는 장면입니다. 무리가 예수님을 찾는 중에 예수님은 도리어 제자들을 찾으십니다. 예수님은 어떤 제자를 부르십니까?

🌱말씀에 의지하여 그물을 던지다

예수님께서 첫 제자들을 부르시는 장면입니다. 예수님은 게네사렛 호숫가에 있는 베드로에게 배를 육지에서 조금 떼기를 청합니다. 베드로는 밤새 물고기를 잡으려 애를 썼지만 한 마리도 잡지 못하고 그물을 정리하고 있었습니다. 그런 상황에서 배를 띄워 달라고 했으니 예수님의 요구를 들어주고 싶지 않았을 것입니다. 하지만 베드로는 예수님의 말씀에 순종합니다. 예수님은 배에 앉아서 무리를 가르치셨습니다. 그리고 말씀을 다 마치신 뒤 베드로에게 깊은 데로 가서 그물을 내려 고기를 잡으라고 하셨습니다. 전문 어부인 베드로가 봤을 때 예수님의 요구는 비이성적이며 비합리적인 요구입니다. 그런데도 베드로는 말씀에 의지하여 그물을 내립니다. 제자의 첫 번째 조건은 말씀에 의지하여 그물을 내리는 순종입니다. 나의 지식과 경험으로 이해되지 않아도 하나님의 말씀에 의지하여 순종하는 사람이 제자입니다.

예수님의 크심과 나의 낮음을 알다

말씀에 의지하여 그물을 내리자 이전에 한 번도 경험해 보지 못한 일이 벌어집니다. 물고기가 잡힐 수 없는 시간에, 물고기가 없는 장소에서 두 배를 가득 채우도록 물고기를 잡은 것입니다. 이때 베드로는 많은 물고기로 인해 기뻐하는 대신 이렇게 비현실적인 일을 이루시는 예수님이 두려웠습니다. 뿐만 아니라 예수님의 신적 권위 앞에 자신의 죄를 깨닫게 되었습니다. 베드로는 그래서 예수님께 자신을 떠나 달라고 요청했습니다. 예수님은 바로 이런 사람을 찾으십니다. 예수님의 크심과 자신의 낮음을 인식하는 사람을 제자로 부르십니다. 예수님은 베드로에게 새로운 사명을 주십니다. "이제 후로는 네가 사람을 취하리라"(10절). 이것이 제자의 사명입니다. 물고기를 잡는 삶에서 사람을 취하는 인생을 사는 것입니다. 사람들을 예수님께로 인도하는 삶을 사는 것입니다.

베드로, 안드레, 요한, 야고보는 예수님의 부르심에 배와 그물, 물고기를 버려두고 즉시 예수님을 따랐습니다. 인생의 전환점을 맞이한 것입니다. 그러자 이전에는 한 번도 생각지 못한 일들이 벌어졌습니다. 영광스러운 일에 동참하게 되었습니다. 예수님은 지금도 제자들을 부르십니다. 말씀에 의지하여 그물을 던지기 바랍니다. 사람들을 예수님께 인도하는 제자가 되길 바랍니다.

🕃 나눔

1. 말씀에 의지하여 깊은 곳에 그물을 내린 순종의 경험이 있다면 가족과 나눠 보세요.
2. 예수님을 따르기 위해서 포기한 배와 그물이 있다면 가족과 나눠 보세요.

🕃 기도

우리 가정의 주님이신 예수님, 많은 무리 가운데 우리 가정을 제자로 부르셔서 감사합니다. 주님이 부르신다면 이성적으로 납득되지 않아도, 한 번도 경험해 보지 못한 일이라 할지라도 순종하는 가정이 되게 해주세요. 많은 사람을 주님께로 인도하는 가정이 되게 해주세요. 우리의 스승이 되시는 예수님의 이름으로 기도합니다. 아멘.

🕃 이번 주 우리 가족 미션

🕃 한 주의 생명 양식

1 ♥ 욜 2:1-27
2 ♥ 욜 3:1-21
3 ♥ 눅 4:1-13
4 ♥ 눅 4:14-30
5 ♥ 눅 4:31-44
6 ♥ 눅 5:1-11
7 ♥ 눅 5:12-26

사망이 패배하다

- 고린도전서 15장 50-58절
- 찬송가 150장 갈보리산 위에

고린도전서 15장 50-58절

⁵⁰ 형제들아 내가 이것을 말하노니 혈과 육은 하나님 나라를 이어 받을 수 없고 또한 썩는 것은 썩지 아니하는 것을 유업으로 받지 못하느니라

⁵¹ 보라 내가 너희에게 비밀을 말하노니 우리가 다 잠 잘 것이 아니요 마지막 나팔에 순식간에 홀연히 다 변화되리니

⁵² 나팔 소리가 나매 죽은 자들이 썩지 아니할 것으로 다시 살아나고 우리도 변화되리라

⁵³ 이 썩을 것이 반드시 썩지 아니할 것을 입겠고 이 죽을 것이 죽지 아니함을 입으리로다

⁵⁴ 이 썩을 것이 썩지 아니함을 입고 이 죽을 것이 죽지 아니함을 입을 때에는 사망을 삼키고 이기리라고 기록된 말씀이 이루어지리라

⁵⁵ 사망아 너의 승리가 어디 있느냐 사망아 네가 쏘는 것이 어디 있느냐

⁵⁶ 사망이 쏘는 것은 죄요 죄의 권능은 율법이라

⁵⁷ 우리 주 예수 그리스도로 말미암아 우리에게 승리를 주시는 하나님께 감사하노니

⁵⁸ 그러므로 내 사랑하는 형제들아 견실하며 흔들리지 말고 항상 주의 일에 더욱 힘쓰는 자들이 되라 이는 너희 수고가 주 안에서 헛되지 않은 줄 앎이라

십자가와 부활은 기독교 신앙의 두 기둥과 같습니다. 십자가 없는 부활이 없고, 부활이 없다면 십자가는 아무런 의미가 없습니다. 하지만 사람들은 예수님을 인간적으로만 이해하려고 합니다. 사두개인들은 영혼 불멸과 육체의 부활을 믿지 않았습니다. 헬라인은 영혼 불멸은 믿었으나 육신의 부활은 믿지 않았습니다. 그 영향이 고린도 교회 안에 흘러들어 갔고 현대 사회까지 영향을 주고 있습니다. 현대인은 예수님을 세계 4대 성인 정도로 이해합니다. 하지만 예수님은 사망을 이기고 부활하신 만왕의 왕이십니다. 사망은 예수 그리스도에게 정복당했습니다. 예수님의 부활은 우리에게 어떤 의미가 있습니까?

죽음과 죄에 대해 승리하다

성경은 엄청난 비밀을 폭로합니다. 이 비밀은 마지막 날에 일어날 신비한 일입니다. 그것은 예수 그리스도를 영접하여 그리스도의 부활에 동참한 사람들은 순식간에 죽지 않는 존재로 변화한다는 것입니다. 죄와 사망은 사탄이 사용하는 가장 강력한 무기입니다. 그런데 예수 그리스도의 부활로 인해서 죄와 사망이 무력화되었습니다. 사망을 삼키고 이기리라는 말씀(사 25:8)을 이루셨습니다. 사망이 쏘는 강력한 독침이 무력화되었습니다. 죄와 사망이 우리에게 더 이상 영향을 미칠 수 없으므로 사망을 두려워할 필요가 없게 되었습니다. 더 이상 죄책감에 괴로워할 필요가 없습니다. 예수 그리스도 안에서 우리는 승리자이고 자유로운 존재입니다. 패배의식이 아니라 승리의식을 가지고 살아야 합니다.

부활 신앙을 붙들다

예수 그리스도의 부활을 믿어 함께 승리한 우리는 어떻게 살아야 할까요? 견실하여 흔들리지 말아야 합니다. 잘못된 이단의 가르침과 세상의 소리에 흔들리지 말아야 합니다. 우리는 연약하여 거짓된 소리를 몇 번 들으면 마음이 혼란스러워집니다. 어지러운 마음을 가지고는 주의 길을 곧게 걸어갈 수 없습니다. 더욱 주의 일에 힘쓰는 자가 되기 위해서는 동기가 명확해야 합니다. 그 동기는 부활 신앙입니다. 이 땅의 마지막 날에 일어날 일에 대한 확실한 믿음이 이 땅에서의 삶의 방향과 태도를 결정합니다. 주의 일에 대한 열심을 잃었다면 제일 먼저 부활 신앙을 점검해야 합니다. 주의 일을 한 수고는 절대로 헛되지 않습니다. 헛되지 않은 삶을 살아가길 바랍니다.

부활 신앙이 신앙생활의 원동력입니다. 부활 신앙이 우리의 입술에서 승전가를 부르게 합니다. 부활 신앙이 우리의 선택과 행동에 확신을 줍니다. 부활 신앙이 주를 위한 우리의 수고에 영원히 가치를 보장해 줍니다. 오늘도 부활 신앙으로 살아가길 축복합니다.

🔵 나눔

1. 부활의 놀라운 소식을 누구에게 전하겠습니까? 이번 주에 부활의 소식을 누구에게 전할지 가족과 나눠 보세요.
2. 나는 어느 곳에서 주의 일을 더욱 힘쓰길 원하는지 가족과 나눠 보세요.

🔵 기도

죄와 사망의 권세를 깨뜨리신 부활의 예수님, 감사드립니다. 더 이상 죄와 사망의 법 아래에서 살지 않게 하시고 승리자답게 복음 안에서 당당하게 살게 해주세요. 주의 일에 더욱 힘쓰는 가정이 되길 원합니다. 헛된 일에 마음을 빼앗기지 않고 영원히 가치 있는 일에 헌신하는 가정이 되게 해주세요. 우리를 위해 부활하신 예수님의 이름으로 기도합니다. 아멘.

🔵 이번 주 우리 가족 미션

🔵 한 주의 생명 양식

1 ♥ 몬 1:1-3

2 ♥ 몬 1:4-7

3 ♥ 몬 1:8-14

4 ♥ 몬 1:15-19

5 ♥ 몬 1:20-22

6 ♥ 몬 1:23-25

7 ♥ 고전 15:50-58

제자는 이렇게 살아간다

- 누가복음 6장 27-38절
- 찬송가 94장 주 예수보다 더 귀한 것은 없네

누가복음 6장 27-38절

²⁷ 그러나 너희 듣는 자에게 내가 이르노니 너희 원수를 사랑하며 너희를 미워하는 자를 선대하며

²⁸ 너희를 저주하는 자를 위하여 축복하며 너희를 모욕하는 자를 위하여 기도하라

²⁹ 너의 이 뺨을 치는 자에게 저 뺨도 돌려대며 네 겉옷을 빼앗는 자에게 속옷도 거절하지 말라

³⁰ 네게 구하는 자에게 주며 네 것을 가져가는 자에게 다시 달라 하지 말며

³¹ 남에게 대접을 받고자 하는 대로 너희도 남을 대접하라

³² 너희가 만일 너희를 사랑하는 자만을 사랑하면 칭찬 받을 것이 무엇이냐 죄인들도 사랑하는 자는 사랑하느니라

³³ 너희가 만일 선대하는 자만을 선대하면 칭찬 받을 것이 무엇이냐 죄인들도 이렇게 하느니라

³⁴ 너희가 받기를 바라고 사람들에게 꾸어 주면 칭찬 받을 것이 무엇이냐 죄인들도 그만큼 받고자 하여 죄인에게 꾸어 주느니라

³⁵ 오직 너희는 원수를 사랑하고 선대하며 아무 것도 바라지 말고 꾸어 주라 그리하면 너희 상이 클 것이요 또 지극히 높으신 이의 아들이 되리니 그는 은혜를 모르는 자와

악한 자에게도 인자하시니라

36 너희 아버지의 자비로우심같이 너희도 자비로운 자가 되라

37 비판하지 말라 그리하면 너희가 비판을 받지 않을 것이요 정죄하지 말라 그리하면 너희가 정죄를 받지 않을 것이요 용서하라 그리하면 너희가 용서를 받을 것이요

38 주라 그리하면 너희에게 줄 것이니 곧 후히 되어 누르고 흔들어 넘치도록 하여 너희에게 안겨 주리라 너희가 헤아리는 그 헤아림으로 너희도 헤아림을 도로 받을 것이니라

『삶이 메시지다』(포이에마, 2010)라는 책에서 김기석 목사님은 '무리'는 '리'(理)가 없는 사람들이라고 했습니다. 말장난 같은 말이지만 곱씹을수록 맞는 말입니다. 그렇다면 제자는 반대로 '리'(理)가 있는 사람일 것입니다. 동일한 현실을 살아가지만 '리'(理)를 따져 가며 실천하는 사람이 제자입니다. 마태복음의 산상수훈과 병행을 이루는 누가복음의 평지수훈에서 예수님은 제자로서 살아가기 위한 윤리를 가르치십니다. 제자는 이런 '리'(理)를 가지고 살아가는 사람입니다.

선을 행하다

예수님 말씀의 첫 문장부터 부담스럽습니다. 원수를 사랑하며 나를 미워하는 자를 선대하라고 하십니다(27절). 선대하라는 말은 적극적으로 사랑을 표현하라는 것입니다. 나의 원수와 나를 미워하는 자를 모른 체하며 신경 쓰지 않고 사는 것도 힘듭니다. 그런데 예수님은 제자라면 그들을 사랑하며 선대해야 한다고 하십니다. 말과 행동으로 그렇게 하라고 하십니다. 말로는 나를 저주하는 자를 위해서 축복하며, 나를 모욕하는 자를 위해 기도해야 합니다(28절). 그들을 비판하거나 정죄하지 말아야 합니다(37절). 행동으로는

이 뺨을 치는 자에게 저 뺨도 돌려 대며, 겉옷을 빼앗는 자에게 속옷도 거절하지 말아야(29절) 합니다. 이것이 바로 제자를 힘들게 하는 사람들에게 제자가 행하는 대응방식입니다. 제자는 무리와 대응방식이 달라야 합니다. 유대인의 윤리는 '눈은 눈으로, 이는 이로'(출 21:24)입니다. 하지만 제자는 세상의 기준보다 더 크고 높은 예수님의 말씀을 지키며 살아야 합니다.

하나님을 닮다

제자는 스승의 지식을 탐하는 사람이 아니라 스승처럼 살기를 바라는 사람입니다. 제자는 늘 '스승이라면 이 상황에서 어떻게 하셨을까?'를 질문하여 그처럼 행동해야 합니다. 예수님은 우리가 죄인들처럼 살지 않고 하나님을 닮은 자로 살기를 바라십니다. 예수님은 죄인들처럼 살지 말라고 세 번 강조하여 말씀하십니다. 나를 사랑하는 자만 사랑하면(32절), 나를 선대하는 사람만 선대하면(33절), 받기를 바라고 꾸어 주면(34절) 그것이 바로 죄인들과 같은 것입니다. 죄인들도 받은 대로 돌려주며 살아갑니다. 우리는 죄인처럼 사는 것이 아니라 하나님처럼 살아야 합니다. "너희 아버지의 자비로우심같이 너희도 자비로운 자가 되라"(36절). 하나님같이 되어야지 죄인같이 되어서는 안 됩니다. 하나님같이 되기를 원하는 열망이 있어야 합니다. 그 열망이 있어야 열의를 가지고 살아가기 때문입니다.

제자는 대상을 가리지 않고 선을 행하며 살아갑니다. 제자의 입과 행동은 세상의 기준과 다릅니다. 하나님같이 자비로운 자가 되기를 열망하는 사람이 제자입니다. 제자는 이런 리(理)를 가지고 살아가기 때문에 무리와는 다릅니다. 제자로 살아가길 축복합니다.

1. 나를 미워하는 사람을 위해 가족과 축복 기도하는 시간을 가져 보세요.
2. 하나님은 우리가 먼저 주길 원하십니다. 한 주 동안 누구에게 무엇을 주겠습니까? 이에 대한 실천 내용을 가족과 나눠 보세요.

🌀 기도

우리 가정을 향한 큰 기대와 높은 기준을 가지고 계시는 하나님, 우리 가정이 하나님을 닮은 가정이 되게 해주세요. 우리 가정을 미워하는 자와 원수까지도 사랑할 수 있는 가정이 되길 원합니다. 하나님이 우리 가정에 자비로우신 것같이 우리 가정 역시 다른 사람들에게 자비롭게 해주세요. 구원자 되시는 예수님의 이름으로 기도합니다. 아멘.

🌀 이번 주 우리 가족 미션

🌀 한 주의 생명 양식

1 ♥ 눅 5:27-39
2 ♥ 눅 6:1-11
3 ♥ 눅 6:12-26
4 ♥ 눅 6:27-38
5 ♥ 눅 6:39-49
6 ♥ 눅 7:1-17
7 ♥ 눅 7:18-23

첫 믿음을 끝까지 간직하라

- 누가복음 8장 49-56절
- 찬송가 352장 십자가 군병들아

누가복음 8장 49-56절

49 아직 말씀하실 때에 회당장의 집에서 사람이 와서 말하되 당신의 딸이 죽었나이다 선생님을 더 괴롭게 하지 마소서 하거늘

50 예수께서 들으시고 이르시되 두려워하지 말고 믿기만 하라 그리하면 딸이 구원을 얻으리라 하시고

51 그 집에 이르러 베드로와 요한과 야고보와 아이의 부모 외에는 함께 들어가기를 허락하지 아니하시니라

52 모든 사람이 아이를 위하여 울며 통곡하매 예수께서 이르시되 울지 말라 죽은 것이 아니라 잔다 하시니

53 그들이 그 죽은 것을 아는 고로 비웃더라

54 예수께서 아이의 손을 잡고 불러 이르시되 아이야 일어나라 하시니

55 그 영이 돌아와 아이가 곧 일어나거늘 예수께서 먹을 것을 주라 명하시니

56 그 부모가 놀라는지라 예수께서 경고하사 이 일을 아무에게도 말하지 말라 하시니라

첫사랑을 끝까지 유지하기 힘들듯이(계 2:4), 첫 믿음을 마지막까지 유지

하기도 힘듭니다. 회당장 야이로는 예수님이라면 자신의 병든 딸을 고치실 수 있다는 믿음을 가지고 예수님을 찾아왔습니다. 하지만 시간이 지체되면서 결국 딸이 죽었다는 비보를 듣자 첫 믿음이 흔들리기 시작했습니다. 예수님에 대한 처음 믿음을 마지막까지 아름답게 지키기란 힘든 일입니다. 하지만 반드시 그렇게 해야 합니다. 도리어 나중 믿음이 처음 믿음보다 더 깊어지고 넓어져야 합니다. 어떻게 그렇게 할 수 있을까요?

절망의 소리를 그치게 하라

회당장 야이로는 길을 가던 중에 예수님이 혈루증을 앓은 여인을 고치시는 장면을 보고는 자신의 딸도 이 여인처럼 고침을 받을 수 있겠다는 믿음이 생겼을 것입니다. 그때 갑자기 자신의 딸이 죽었다는 소식을 들었습니다. 비보를 전하는 사람이 말합니다. "선생님을 더 괴롭게 하지 마소서"(49절). 이미 딸이 죽었으니 예수님이 하실 수 있는 일은 없고 집까지 오실 필요도 없다는 것입니다. 깊은 절망의 한숨과 통곡이 터져 나오는 순간입니다. 하지만 예수님은 가던 길을 멈추지 않으십니다. 집은 통곡 소리로 가득했습니다. 예수님은 단 한마디로 거대한 통곡 소리를 비웃음으로 바꾸셨습니다. "울지 말라 죽은 것이 아니라 잔다"(52절). 첫 믿음을 마지막까지 간직하기 위해서는 절망의 소리를 그치게 해야 합니다. 환경이 어려워질 수 있습니다. 하지만 우리는 환경을 믿는 것이 아니라 예수님을 믿습니다. 그러므로 절망의 소리를 멈추기 바랍니다. 절망의 소리에 반응하지 마십시오. 환경에 대한 절망의 소리가 아닌 예수님에 대한 믿음의 소리를 내야 합니다.

끝까지 믿으라

예수님은 두려워하는 야이로에게 믿음을 요구하십니다. "두려워하지 말고 믿기만 하라 그리하면 딸이 구원을 얻으리라"(50절). 야이로는 새로운 차원의 믿음으로 도약할 것을 요청받고 있습니다. 딸이 죽었다는 소식과 함께 예수님에 대한 믿음이 무너졌던 그입니다. 어쩌면 예수님에 대한 야이로의 믿음은 병을 잘 고치는 선생님 정도의 믿음이었을지도 모릅니다. 하지만 예수님은 병을 고치기 위한 의사로서 이 땅에 오신 것이 아니라 죽은 자를 살리기 위한 구원자로 오셨습니다. 예수님은 이 믿음을 야이로에게 요구하십니다. 예수님은 이미 죽은 딸을 보고는 잔다고 하십니다. 예수님 앞에서 사망은 아무런 힘이 없습니다. 죽음마저도 다스리시는 예수님에게 죽음은 단지 자는 것일 뿐입니다. "아이야 일어나라"고 명령하시자 사망과 영이 곧바로 순종합니다. 사망은 물러가고 영은 돌아옵니다. 예수님을 끝까지 믿어야 합니다. 믿으면 예수님의 역사를 보게 될 것입니다.

시작한 믿음을 마지막까지 잘 간직해야 합니다. 처음 믿음보다 더 깊어지고 넓어져야 합니다. 찬송가 70장의 가사는 다음과 같습니다. "피난처 있으니 환난을 당한 자 이리 오라. 땅들이 변하고 물결이 일어나 산 위에 넘치되 두렵잖네." 살아갈수록 이 믿음이 더욱 굳건해지길 축복합니다.

🜲 나눔

1. 모든 게 끝난 것처럼 느껴진 순간이 있습니까? 그때 나는 어떻게 반응했는지 가족과 나눠 보세요.
2. 하나님에 대한 나의 믿음이 새로운 차원으로 도약한 경험이 있습니까? 그 내용을 가족과 나눠 보세요.

🜲 기도

하나님, 우리 가정의 구원자가 되어 주셔서 감사합니다. 비록 절망스러운 순간을 맞이한다고 해도 하나님에 대한 믿음만은 흔들림이 없게 해주세요. 애벌레가 고치를 벗고 나비가 되듯이 우리 가정의 믿음이 더 깊고 넓은 차원의 믿음이 되게 해주세요. 피난처 되시는 예수님의 이름으로 기도드립니다. 아멘.

🜲 이번 주 우리 가족 미션

🜲 한 주의 생명 양식

1 ♥ 눅 7:24-35
2 ♥ 눅 7:36-50
3 ♥ 눅 8:1-15
4 ♥ 눅 8:16-25
5 ♥ 눅 8:26-39
6 ♥ 눅 8:40-48
7 ♥ 눅 8:49-56

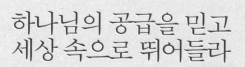

하나님의 공급을 믿고 세상 속으로 뛰어들라

- 누가복음 10장 1-12절
- 찬송가 435장 나의 영원하신 기업

누가복음 10장 1-12절

¹ 그 후에 주께서 따로 칠십 인을 세우사 친히 가시려는 각 동네와 각 지역으로 둘씩 앞서 보내시며

² 이르시되 추수할 것은 많되 일꾼이 적으니 그러므로 추수하는 주인에게 청하여 추수할 일꾼들을 보내 주소서 하라

³ 갈지어다 내가 너희를 보냄이 어린 양을 이리 가운데로 보냄과 같도다

⁴ 전대나 배낭이나 신발을 가지지 말며 길에서 아무에게도 문안하지 말며

⁵ 어느 집에 들어가든지 먼저 말하되 이 집이 평안할지어다 하라

⁶ 만일 평안을 받을 사람이 거기 있으면 너희의 평안이 그에게 머물 것이요 그렇지 않으면 너희에게로 돌아오리라

⁷ 그 집에 유하며 주는 것을 먹고 마시라 일꾼이 그 삯을 받는 것이 마땅하니라 이 집에서 저 집으로 옮기지 말라

⁸ 어느 동네에 들어가든지 너희를 영접하거든 너희 앞에 차려놓는 것을 먹고

⁹ 거기 있는 병자들을 고치고 또 말하기를 하나님의 나라가 너희에게 가까이 왔다 하라

¹⁰ 어느 동네에 들어가든지 너희를 영접하지 아니하거든 그 거리로 나와서 말하되

¹¹ 너희 동네에서 우리 발에 묻은 먼지도 너희에게 떨어버리노라 그러나 하나님의 나라

제자는 말씀을 잘 듣는 것 이상으로 헌신해야 합니다. 말씀을 전하고 말씀대로 살아가야 합니다. 이제 예수님은 제자들을 세상 속으로 파송하십니다. 70인을 둘씩 나누어 각 지역으로 보내십니다. 70인이라면 많은 사람 같지만 하나님의 일을 하기엔 여전히 부족합니다. 추수할 것이 많기 때문입니다(2절). 또한 양을 이리 가운데로 보내는 것처럼 위험한 일입니다. 난폭한 세상 속에서 제자들은 쉬운 공격의 대상이 될 수 있습니다. 제자들은 할 일은 많고 위험합니다. 파송을 받은 제자들은 어떻게 그 일을 감당할 것인가 걱정이 태산입니다. 하지만 예수님은 복음을 맡은 제자로서 당당한 삶의 태도를 가지라고 말씀하십니다. 파송받은 제자들이 가져야 할 삶의 태도는 무엇입니까?

하나님의 공급하심을 믿으라

2박 3일 여행을 떠나는데도 캐리어 한두 개의 짐이 나옵니다. 그런데 예수님은 사역을 위해 필요한 가장 기본적인 물품을 준비하는 것조차 금하셨습니다. 돈과 가방, 식량, 여벌의 옷과 신발, 숙소를 미리 정하는 것조차 금하셨습니다. 제자로 파송을 받아 길을 떠나는 사람에게 필요한 것은 하나님에 대한 신뢰 하나면 된다는 것입니다. 제자로서 살아가는 데 가장 필요한 것은 '어떻게 살아갈 것인가?'에 대한 고민이 아니라 '얼마나 하나님을 신뢰하는가?'에 대한 믿음입니다. 제자는 생존에 대한 고민은 하나님에게 맡기고 사역에 집중해야 합니다. 지금도 세상 염려로 마음이 복잡합니까? 가득 찬 염려로 인해 마음속에 믿음이 자리 잡을 틈이 없습니까? 하나님의 공급하심을 믿기 바랍니다.

하나님의 나라를 살라

제자들은 하나님의 나라 한가운데에서 살아가는 사람들입니다. 제자들이 전하는 복음은 단순하고 명료합니다. 하나님의 나라가 가까이 왔다는 것입니다. 하나님은 하나님 나라의 증거로서 제자들에게 병 고치는 능력을 주셨습니다. 병을 고친다는 것은 하나님의 나라가 고통의 문제를 뚫고 임재했다는 증거였습니다. 하나님의 나라를 전했는데도 받아들이지 않으면 발에 묻은 먼지도 떨어 버리고 도시를 떠나라고 하십니다. 복음을 전하는 제자의 당당한 삶을 말씀하십니다. 제자는 하나님의 나라를 받아들이면 평안이요, 받아들이지 않으면 소돔이 불로 멸망했던 것보다 더 큰 고통이 있을 것이라는 확신을 가져야 합니다. 우리는 하나님의 나라 속에 살고, 하나님의 나라를 선포하며 살아야 합니다.

제자의 삶은 복잡하지 않습니다. 단순하고 명료합니다. 세상 사람들은 이 땅에서 영원히 생존할 것처럼 이 땅을 위해 살아갑니다. 하지만 제자는 하나님의 나라를 바라보며 그 나라를 위해 살아갑니다. 하나님의 공급을 믿기 바랍니다. 그리고 세상 속에서 하나님의 나라를 선포하길 바랍니다.

🔵 나눔

1. 복음을 위해 살아가면서 하나님의 공급을 경험한 적이 있습니까? 그 놀라운 이야기를 가족과 나눠 보세요.
2. 한 주 동안 가족이 함께 전도할 이웃, 공동체, 사람을 정하고 실천해 보세요.

🔵 기도

우리 가정을 선택하셔서 하나님의 나라를 위해 사용하실 하나님, 감사드립니다. 잠시 사는 이 땅에서 생존을 위해 사는 것이 아니라 하나님의 나라를 위해 살게 해주세요. 우리 가정이 하나님의 나라가 되게 하시고, 하나님의 나라를 보여 주는 가정이 되게 해주세요. 왕 되시는 예수님의 이름으로 기도드립니다. 아멘.

🔵 이번 주 우리 가족 미션

🔵 한 주의 생명 양식

1 ♥ 눅 9:1-9
2 ♥ 눅 9:10-17
3 ♥ 눅 9:18-27
4 ♥ 눅 9:28-36
5 ♥ 눅 9:37-45
6 ♥ 눅 9:46-62
7 ♥ 눅 10:1-12

아는 것만으로는 안 된다

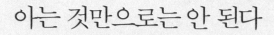

- 누가복음 10장 25-37절
- 찬송가 304장 그 크신 하나님의 사랑

누가복음 10장 25-37절

25 어떤 율법교사가 일어나 예수를 시험하여 이르되 선생님 내가 무엇을 하여야 영생을 얻으리이까

26 예수께서 이르시되 율법에 무엇이라 기록되었으며 네가 어떻게 읽느냐

27 대답하여 이르되 네 마음을 다하며 목숨을 다하며 힘을 다하며 뜻을 다하여 주 너의 하나님을 사랑하고 또한 네 이웃을 네 자신같이 사랑하라 하였나이다

28 예수께서 이르시되 네 대답이 옳도다 이를 행하라 그러면 살리라 하시니

29 그 사람이 자기를 옳게 보이려고 예수께 여짜오되 그러면 내 이웃이 누구니이까

30 예수께서 대답하여 이르시되 어떤 사람이 예루살렘에서 여리고로 내려가다가 강도를 만나매 강도들이 그 옷을 벗기고 때려 거의 죽은 것을 버리고 갔더라

31 마침 한 제사장이 그 길로 내려가다가 그를 보고 피하여 지나가고

32 또 이와 같이 한 레위인도 그 곳에 이르러 그를 보고 피하여 지나가되

33 어떤 사마리아 사람은 여행하는 중 거기 이르러 그를 보고 불쌍히 여겨

34 가까이 가서 기름과 포도주를 그 상처에 붓고 싸매고 자기 짐승에 태워 주막으로 데리고 가서 돌보아 주니라

35 그 이튿날 그가 주막 주인에게 데나리온 둘을 내어 주며 이르되 이 사람을 돌보아

주라 비용이 더 들면 내가 돌아올 때에 갚으리라 하였으니

36 네 생각에는 이 세 사람 중에 누가 강도 만난 자의 이웃이 되겠느냐

37 이르되 자비를 베푼 자니이다 예수께서 이르시되 가서 너도 이와 같이 하라 하시니라

우리나라의 교육열은 미국의 전 오바마 대통령도 부러워할 정도로 세계 최고입니다. 그런데 아이러니하게도 아이들의 행복감은 세계 최하위입니다. 배움이 고통이 된 것입니다. 배움이 고통인 것도 문제인데, 배운 바대로 살지 않고 그 자체로 즐기려고만 하는 것도 문제입니다. 특별히 하나님의 말씀을 지적 유희의 대상으로만 삼고 아는 바대로 살지 않는 것은 하나님의 말씀을 대하는 바른 태도가 아닙니다. 하나님의 말씀에 대한 바른 태도는 무엇일까요?

🌱앎은 자신을 뽐내기 위한 장식품이 아니다

어떤 율법교사가 예수님에게 심오한 질문을 합니다. "선생님, 내가 무엇을 하여야 영생을 얻으리이까?" 굉장히 거룩한 사람처럼 보이지만 사실은 지독히 교활한 사람입니다. 질문의 목적이 앎이 아니라 시험이었습니다. 이 질문에 대한 답을 그는 잘 알고 있었습니다. 또 어떤 사람이 예수님에게 질문합니다. "내 이웃이 누구이니이까?" 다른 사람을 생각해서 하는 질문 같지만, 사실은 자신을 옳게 보이기 위한 질문입니다. 이 두 사람은 말씀을 가지고 삶을 변화시키는 것이 아니라 자신을 드러내기 위한 장식품으로 사용하고 있습니다. 전도 훈련 세미나에서 시험은 백점을 맞았는데 전도를 하지 않습니다. 기도와 관련된 공부는 열심히 하는데 기도를 하지 않습니다. 제자훈련 숙제는 완벽한데 제자로서의 삶은 없습니다. 공허한 삶입니다. 말씀으로 내면을 먼저 리모델링해야 합니다.

앎은 삶을 위한 것이다

예수님은 탁월한 교사입니다. 두 사람의 질문에 답하는 대신 역으로 질문하셔서 스스로 답을 찾도록 하십니다. 그리고 질문은 서로 다른데 답은 동일하게 주십니다. "이를 행하라"(28절). "이와 같이 하라"(37절). 앎은 삶을 위한 것입니다. 삶이 없는 앎은 열매가 없는 것이고, 앎이 없는 삶은 뿌리가 없는 것입니다. 성경에서 '안다'는 단어 자체가 삶을 포함하고 있습니다. 고(故) 김용호 선일금고 회장은 전 세계 어떤 금고라고 열 수 있는 놀라운 재주를 가지고 있었다고 합니다. 많은 사람들이 그 비법을 물어보자 그는 이렇게 대답했습니다. "요렇게, 조렇게, 이렇게." 그는 금고 여는 방법을 책으로 배운 것이 아니라 몸에 각인시킨 것입니다. 그는 진짜 아는 사람입니다. 하나님을 사랑하는 것, 강도 만난 자의 이웃이 되는 것은 지식으로 안 됩니다. 몸으로 행해야 합니다.

신앙생활은 아는 것과 행하는 것 사이를 좁히는 일련의 과정입니다. 임마누엘 칸트(Immanuel Kant)는 가장 두려운 것이 도덕 철학을 가르치는 자신이 정반대로 살고 싶은 유혹에 빠지는 것이라고 했습니다. 성도가 가장 두려워해야 할 것 역시 말씀을 알지만 정반대의 삶을 사는 것입니다.

🔇 나눔

1. 말씀으로 나의 지식을 자랑하거나, 다른 사람을 판단할 때 사용한 적이 있나요? 부끄럽지만 그 내용을 가족과 나눠 보세요.
2. 말씀을 실천하기 어려웠지만 용기를 내어 실천한 경험을 나눠 보세요.

🔇 기도

생명과도 같은 말씀을 주신 하나님, 감사합니다. 우리 가정이 하나님의 말씀 앞에 바른 태도를 가지게 해주세요. 말씀을 아는 것을 자랑하지 않고, 말씀대로 사는 것으로 하나님께 영광을 돌리는 가정이 되게 해주세요. 하나님 사랑과 이웃 사랑을 지식으로만 아는 것이 아니라 몸으로 실천하는 가정이 되게 해주세요. 사랑하는 예수님의 이름으로 기도합니다. 아멘.

🔇 이번 주 우리 가족 미션

🔇 한 주의 생명 양식

1 ♥ 눅 10:13-24
2 ♥ 눅 10:25-37
3 ♥ 눅 10:48-11:4
4 ♥ 눅 11:5-13
5 ♥ 눅 11:14-26
6 ♥ 눅 11:27-36
7 ♥ 눅 11:37-44

회개하지 않으면 망한다

- 누가복음 13장 1-9절
- 찬송가 259장 예수 십자가에 흘린 피로써

누가복음 13장 1-9절

¹ 그 때 마침 두어 사람이 와서 빌라도가 어떤 갈릴리 사람들의 피를 그들의 제물에 섞은 일로 예수께 아뢰니

² 대답하여 이르시되 너희는 이 갈릴리 사람들이 이같이 해 받으므로 다른 모든 갈릴리 사람보다 죄가 더 있는 줄 아느냐

³ 너희에게 이르노니 아니라 너희도 만일 회개하지 아니하면 다 이와 같이 망하리라

⁴ 또 실로암에서 망대가 무너져 치어 죽은 열여덟 사람이 예루살렘에 거한 다른 모든 사람보다 죄가 더 있는 줄 아느냐

⁵ 너희에게 이르노니 아니라 너희도 만일 회개하지 아니하면 다 이와 같이 망하리라

⁶ 이에 비유로 말씀하시되 한 사람이 포도원에 무화과나무를 심은 것이 있더니 와서 그 열매를 구하였으나 얻지 못한지라

⁷ 포도원지기에게 이르되 내가 삼 년을 와서 이 무화과나무에서 열매를 구하되 얻지 못하니 찍어버리라 어찌 땅만 버리게 하겠느냐

⁸ 대답하여 이르되 주인이여 금년에도 그대로 두소서 내가 두루 파고 거름을 주리니

⁹ 이 후에 만일 열매가 열면 좋거니와 그렇지 않으면 찍어버리소서 하였다 하시니라

신앙은 관념이 아니라 실제입니다. 가장 중요한 실제는 회개하지 않으면 망한다는 것입니다. 이것만큼 분명한 실제는 없습니다. 그런데 현대 사회는 죄와 지옥에 관한 이야기를 싫어합니다. 들어도 내 일이 아니라 남의 일이라고 생각합니다. 자신에 대한 왜곡된 사랑에 빠져 있습니다. 현대인을 '미 제너레이션'(me generation)이라고 부릅니다. 자기가 가장 중요하고 자기에게 지나치게 몰입하는 것을 지칭하는 말입니다. 그런데 동시에 이들을 '낫 미 제너레이션'(not me generation)이라고도 합니다. 문제가 생기면 그 원인을 자신이 아닌 다른 사람이나 조직으로 돌린다는 것입니다. 하지만 자신을 가장 사랑하는 방법은 자신의 형편을 깨달아 진실된 회개를 하는 것입니다.

내 죄부터 살펴라

사람들이 예수님께 찾아와 당시에 회자되던 사건에 대해서 말합니다. 정확한 상황은 잘 모르겠으나, 당시 로마 총독 빌라도가 갈릴리에서 온 몇몇 순례자가 희생 제물을 드릴 때 그들을 죽인 일인 것 같습니다. 사람들이 이 문제를 예수님에게 말한 이유는 '고난이 죄의 원인'이라는 당시 사람들의 신학적 확신 때문입니다. 아마도 사람들은 이 사건을 가지고 '저들이 분명 무슨 죄를 지었기에 제사를 드리던 중에 죽임을 당했을 거야'라고 생각했을 것입니다. 그러면서 동시에 자신들은 그런 고난을 당하지 않았으니까 죄가 없다고 착각했을 것입니다. 예수님은 그들의 의도를 아시고 그들이 다른 사람들보다 죄가 더 많아 죽은 것이 아니라고 단언하십니다. 그리고 "너희도 만일 회개하지 아니하면 다 이와 같이 망하리라"(3절)고 말씀하십니다. 사람들은 다른 사람 이야기하는 것을 좋아합니다. 그렇게 뒤에서 말하면서 은근히 자신은 다르다는 것을 드러냅니다. 하지만 우리는 모두 회개해야 할 존재입니다. 우리의 형편이 다른 사람의 문제까지 말할 만큼 여유롭지가 못합니다. 나의 죄부터 살펴야 합니다.

지금이 회개할 때다

예수님은 사람들의 질문에 대해 무화과나무 비유를 들어 대답하십니다. 보통 무화과나무는 짧고 굵직한 몸통과 잎이 무성한 가지로 되어 있습니다. 무화과나무 주인은 3년 동안 무화과나무의 열매를 얻기 위해 기다렸습니다. 그런데 3년 동안 기다려도 열매가 없었습니다. 주인은 아무 쓸모 없는 나무 때문에 땅만 낭비되고 있으니 찍어 버리라고 명령합니다. 그러자 포도원지기가 한 해만 더 기회를 달라고 요청합니다. 그때도 열매가 없으면 찍어 버리자고 간청합니다. 이 비유의 핵심은 계속된 회개의 거부는 결국 비참한 최후를 맞이한다는 것입니다. 하나님이 인내하고 오래 참으시는 시간에 빨리 회개해야 합니다. 회개는 언젠가 해야지 하며 뒤로 미룰 일이 아닙니다. 지금 당장 해야 합니다.

회개만이 살길입니다. 이 땅에 회개하지 않아도 되는 사람은 단 한 명도 없습니다. 아무리 그럴싸한 단어를 들어 인생을 포장해도 가장 분명한 사람의 형편은 회개하지 않으면 망한다는 것입니다. 회개하고 회개에 합당한 열매를 맺길 바랍니다.

🌏 나눔

1. 낫 미 제너레이션(not me generation)에 대해서 어떻게 생각합니까? 내게 이런 모습이 있지는 않은지 가족과 나눠 보세요.
2. 지금 회개해야 할 것은 무엇입니까? 더 이상 미루지 말고 가족과 함께 기도하기 바랍니다.

🌏 기도

사랑과 공의의 하나님, 이 시간 우리 가정의 연약함을 고백합니다. 왜곡된 자기사랑에 빠져 죄의 문제를 가볍게 여기며 살았던 우리를 용서해 주세요. 하나님의 공의와 사랑에 기대어 살아가는 가정이 되게 해주세요. 우리 가정을 용서하신 예수님의 이름으로 기도합니다. 아멘.

🌏 이번 주 우리 가족 미션

🌏 한 주의 생명 양식

1 ❤ 눅 11:45-54
2 ❤ 눅 12:1-12
3 ❤ 눅 12:13-21
4 ❤ 눅 12:22-34
5 ❤ 눅 12:35-48
6 ❤ 눅 12:49-59
7 ❤ 눅 13:1-9

반드시 찾으시는 하나님

- 누가복음 15장 1-10절
- 찬송가 358장 주의 진리 위해 십자가 군기

누가복음 15장 1-10절

¹ 모든 세리와 죄인들이 말씀을 들으러 가까이 나아오니

² 바리새인과 서기관들이 수군거려 이르되 이 사람이 죄인을 영접하고 음식을 같이 먹는다 하더라

³ 예수께서 그들에게 이 비유로 이르시되

⁴ 너희 중에 어떤 사람이 양 백 마리가 있는데 그 중의 하나를 잃으면 아흔아홉 마리를 들에 두고 그 잃은 것을 찾아내기까지 찾아다니지 아니하겠느냐

⁵ 또 찾아낸즉 즐거워 어깨에 메고

⁶ 집에 와서 그 벗과 이웃을 불러 모으고 말하되 나와 함께 즐기자 나의 잃은 양을 찾아내었노라 하리라

⁷ 내가 너희에게 이르노니 이와 같이 죄인 한 사람이 회개하면 하늘에서는 회개할 것 없는 의인 아흔아홉으로 말미암아 기뻐하는 것보다 더하리라

⁸ 어떤 여자가 열 드라크마가 있는데 하나를 잃으면 등불을 켜고 집을 쓸며 찾아내기까지 부지런히 찾지 아니하겠느냐

⁹ 또 찾아낸즉 벗과 이웃을 불러 모으고 말하되 나와 함께 즐기자 잃은 드라크마를 찾아내었노라 하리라

¹⁰ 내가 너희에게 이르노니 이와 같이 죄인 한 사람이 회개하면 하나님의 사자들 앞에 기쁨이 되느니라

어릴 적에 숨바꼭질을 많이 하며 놀았습니다. 그때 들키지 않으려고 참 많이 애썼습니다. 어떻게 보면 간단한 놀이인데, 생각해 보면 커서도 계속 숨바꼭질을 하고 있습니다. 하나님을 피하고 들키지 않기 위해서 부단히 애쓰며 살아갑니다. 하지만 하나님은 찾기의 명수이십니다. 선악과를 따 먹은 아담이 하나님을 피해 숨었으나 찾아오셨습니다. 요나가 하나님을 피하여 정반대 길로 떠났지만 찾아오셨습니다. 하나님은 지금도 우리를 찾으십니다. 그리고 돌아오길 원하십니다.

당신은 길을 잃기 쉬운 존재다

모든 세리와 죄인들이 말씀을 듣기 위해서 예수님께 몰려왔습니다. 예수님은 말씀만 나누신 것이 아니라 음식도 함께 나누셨습니다. 그 자리가 모두에게 즐거웠던 것은 아닙니다. 바리새인과 서기관들은 그런 부류의 사람들과 어울리는 예수님을 비난했습니다. 그들의 부정이 예수님도 부정하게 만든다고 생각했기 때문입니다. 그렇지 않습니다. 도리어 예수님의 거룩이 그들을 거룩하게 할 것입니다. 예수님은 이전에 길을 잃었으나 다시 돌아온 죄인들을 기쁘게 맞아 주셨습니다. 마찬가지로 바리새인과 서기관들도 돌아오길 원하십니다. 세리와 죄인들은 자신의 죄를 깨달은 죄인이었고, 바리새인과 서기관은 자신의 죄가 무엇인지 깨닫지도 못한 죄인이었습니다. 인간의 진짜 문제는 자신이 얼마나 심각한 죄인인지조차 모른다는 것입니다. 우리는 길을 잃기 쉬운 존재입니다. 그래서 목자가 필요합니다.

🌱예수님은 우리를 반드시 찾으신다

　예수님은 잃어버린 것을 반드시 찾으십니다. 언제까지 찾으십니까? 찾을 때까지입니다. 찾을 때까지 절대로 포기하지 않으십니다. 잃어버린 한 마리의 양을 끝까지 찾으십니다. 예수님은 양을 찾아서 꾸짖지 않으십니다. 도리어 어깨에 메고 깊은 애정을 표현하십니다. 양을 찾은 것이 너무 기뻐서 잔치를 열어 이웃과 기쁨을 나누십니다. 잃어버린 한 드라크마를 찾은 여인도 같은 의미의 비유입니다. 경제적으로 따진다면 손해를 보았을 것입니다. 회사를 경영하는 사람이라면 경영을 잘 못 하는 사람입니다. 잃어버린 양 한 마리를 찾을 때까지 찾을 것이 아니라 남아 있는 아흔아홉 마리를 증식시키는 것이 더 효율적입니다. 더군다나 찾은 이후에 잔치를 열었으니 그 비용은 양 한 마리 값보다 더 나갔을 것입니다. 하지만 사랑은 돈으로 계산할 수 없기에 잔치는 풍성했습니다. 예수님은 우리를 반드시 찾으십니다.

　숨바꼭질을 할 때 가장 큰 기쁨의 순간은 발견되었을 때입니다. 그때 찾는 사람도, 숨어 있던 사람도 서로를 바라보며 자지러지게 웃습니다. 발견되어 원래의 자리로 돌아오는 것이 기쁨입니다. 예수님의 가장 큰 기쁨은 죄인이 주께로 돌아오는 것입니다. 예수님은 잃어버린 자를 찾기 위해서 오셨고 지금도 찾고 계십니다. "인자가 온 것은 잃어버린 자를 찾아 구원하려 함이니라"(눅 19:10). 길을 잃었다면 예수님을 찾길 바랍니다. 예수님이 찾고 계십니다.

❸ 나눔

1. 낯선 곳에서 길을 잃어 힘들었던 경험을 가족과 나눠 보세요.
2. 잃어버린 것을 간절히 찾아서 발견한 경험이 있다면, 그때의 기쁨을 가족과 나눠 보세요.

❸ 기도

선한 목자 되시는 주님, 우리 가정을 끝까지 찾아 주셔서 감사합니다. 우리는 어리석어 길을 자주 잃어버립니다. 우리 가정을 늘 인도해 주시고 우리가 길을 잃었다면 찾아오셔서 옳은 길로 인도해 주세요. 주님을 떠나지 않는 가정이 되게 해주세요. 고마우신 예수님의 이름으로 기도합니다. 아멘.

❸ 이번 주 우리 가족 미션

❸ 한 주의 생명 양식

1 ♥ 눅 13:10-21
2 ♥ 눅 13:22-35
3 ♥ 눅 14:1-14
4 ♥ 눅 14:15-24
5 ♥ 눅 14:25-35
6 ♥ 눅 15:1-10
7 ♥ 눅 15:11-24

항상 기도하고
낙심하지 말라

- 누가복음 18장 1-17절
- 찬송가 91장 슬픈 마음 있는 사람

누가복음 18장 1-17절

1 예수께서 그들에게 항상 기도하고 낙심하지 말아야 할 것을 비유로 말씀하여

2 이르시되 어떤 도시에 하나님을 두려워하지 않고 사람을 무시하는 한 재판장이 있는데

3 그 도시에 한 과부가 있어 자주 그에게 가서 내 원수에 대한 나의 원한을 풀어 주소서 하되

4 그가 얼마 동안 듣지 아니하다가 후에 속으로 생각하되 내가 하나님을 두려워하지 않고 사람을 무시하나

5 이 과부가 나를 번거롭게 하니 내가 그 원한을 풀어 주리라 그렇지 않으면 늘 와서 나를 괴롭게 하리라 하였느니라

6 주께서 또 이르시되 불의한 재판장이 말한 것을 들으라

7 하물며 하나님께서 그 밤낮 부르짖는 택하신 자들의 원한을 풀어 주지 아니하시겠느냐 그들에게 오래 참으시겠느냐

8 내가 너희에게 이르노니 속히 그 원한을 풀어 주시리라 그러나 인자가 올 때에 세상에서 믿음을 보겠느냐 하시니라

9 또 자기를 의롭다고 믿고 다른 사람을 멸시하는 자들에게 이 비유로 말씀하시되

10 두 사람이 기도하러 성전에 올라가니 하나는 바리새인이요 하나는 세리라

¹¹ 바리새인은 서서 따로 기도하여 이르되 하나님이여 나는 다른 사람들 곧 토색, 불의, 간음을 하는 자들과 같지 아니하고 이 세리와도 같지 아니함을 감사하나이다

¹² 나는 이레에 두 번씩 금식하고 또 소득의 십일조를 드리나이다 하고

¹³ 세리는 멀리 서서 감히 눈을 들어 하늘을 쳐다보지도 못하고 다만 가슴을 치며 이르되 하나님이여 불쌍히 여기소서 나는 죄인이로소이다 하였느니라

¹⁴ 내가 너희에게 이르노니 이에 저 바리새인이 아니고 이 사람이 의롭다 하심을 받고 그의 집으로 내려갔느니라 무릇 자기를 높이는 자는 낮아지고 자기를 낮추는 자는 높아지리라 하시니라

¹⁵ 사람들이 예수께서 만져 주심을 바라고 자기 어린 아기를 데리고 오매 제자들이 보고 꾸짖거늘

¹⁶ 예수께서 그 어린 아이들을 불러 가까이 하시고 이르시되 어린 아이들이 내게 오는 것을 용납하고 금하지 말라 하나님의 나라가 이런 자의 것이니라

¹⁷ 내가 진실로 너희에게 이르노니 누구든지 하나님의 나라를 어린 아이와 같이 받아들이지 않는 자는 결단코 거기 들어가지 못하리라 하시니라

문제의 입구는 다양하지만 출구는 하나입니다. 우리는 살아가는 동안 수많은 문제를 만납니다. 그 문제는 다양하지만 문제를 해결하는 방법은 단 하나, 기도입니다. 그렇다고 해서 기도가 문제 해결을 위한 만능키는 아닙니다. 기도는 하나님으로부터 무엇인가를 얻어 내기 위한 기술이 아니라 하나님과의 관계의 표현이며 삶의 태도입니다. 항상 기도하고 낙심하지 말아야 합니다. 어떻게 기도하는 것이 바른 기도일까요?

🌱어린아이같이 기도하라

어린아이와 같은 기도가 바른 기도입니다. 응답해 주실 하나님을 절대적으로 믿고 포기하지 않고 기도하는 것입니다. 어떤 도시에 하나님을 두려워하지 않고 사람들을 무시하는 재판관이 있었습니다. 이 재판관에게

한 과부가 찾아와 원한을 풀어 달라고 계속 간청합니다. 무심하고 불의한 재판관은 계속되는 과부의 간청에 두 손을 들고 원한을 풀어 주었습니다. 하물며 자녀들이 간절히 간구하는데 하나님께서 거절하시겠습니까? 어린 아이와 같은 기도는 다른 사람 눈치 보지 않고 통회하는 기도입니다. 세리처럼 말입니다. 세리의 눈은 땅을 향하고 손은 가슴을 치고 다리는 서 있으나 떨고 있습니다. 깊은 통곡으로 자신의 죄악을 고백합니다. 어린아이와 같은 기도에 하나님 아버지는 반드시 응답하십니다.

종교인처럼 기도하지 말라

바리새인은 종교적인 사람을 대표합니다. 종교적인 사람은 종교 생활을 즐깁니다. 종교 생활은 할 만하고 쉽습니다. 하지만 진실된 신앙생활은 힘듭니다. 바리새인의 기도는 다른 사람과 비교하여 자신의 우월감을 드러내거나 혹은 자신의 행위를 자랑하는 기도였습니다. 그들의 언어는 화려하고 신학적 지식을 나열하지만 하나님뿐만 아니라 사람이 듣기에도 거북합니다. 종교인처럼 기도해서는 안 됩니다. 빈약한 단어, 투박한 표현, 더듬거리는 언어, 반복되는 듯한 문장, 이런 것들이 기도를 망치지 않습니다. 진실을 잃어버린 화석화된 기도가 하나님의 귀를 막습니다. 어린아이처럼 순수한 기도를 해야 합니다.

어린아이들은 예수님에게 달려가기를 주저하지 않습니다. 우리는 하나님의 나라를 어린아이와 같이 받아들여야 합니다. 기도 역시 그렇게 해야 합니다. 예수님이 좋아서 항상 기도해야 합니다. 기도하면서 낙심하지 말아야 합니다. 어린아이와 같이 하나님을 절대적으로 신뢰한다면 낙심하지 않고 항상 기도할 수 있습니다.

❸ 나눔

1. 나의 기도를 되돌아보면서 고쳐야 할 잘못된 기도의 습관이 있다면 가족과 나눠 보세요.
2. 기도 제목을 가족과 나누고 어린아이처럼 함께 기도해 보세요.

❸ 기도

우리 가정의 기도를 귀담아들으시는 주님, 감사합니다. 우리 가정이 어린아이와 같이 순수하게 기도하길 원합니다. 형식과 습관으로 화석화된 기도가 아니라 하나님에 대한 순수한 사랑이 가득한 기도를 하기 원합니다. 우리 가정의 기도를 받아 주세요. 응답하실 예수님의 이름으로 기도합니다. 아멘

❸ 이번 주 우리 가족 미션

❸ 한 주의 생명 양식

1 ♥ 눅 15:25-32
2 ♥ 눅 16:1-18
3 ♥ 눅 16:19-31
4 ♥ 눅 17:1-10
5 ♥ 눅 17:11-23
6 ♥ 눅 17:24-37
7 ♥ 눅 18:1-17

인생 최고의 선택은 하나님이다

- 누가복음 19장 1-10절
- 찬송가 304장 그 크신 하나님의 사랑

누가복음 19장 1-10절

1 예수께서 여리고로 들어가 지나가시더라

2 삭개오라 이름하는 자가 있으니 세리장이요 또한 부자라

3 그가 예수께서 어떠한 사람인가 하여 보고자 하되 키가 작고 사람이 많아 할 수 없어

4 앞으로 달려가서 보기 위하여 돌무화과나무에 올라가니 이는 예수께서 그리로 지나가시게 됨이러라

5 예수께서 그 곳에 이르사 쳐다 보시고 이르시되 삭개오야 속히 내려오라 내가 오늘 네 집에 유하여야 하겠다 하시니

6 급히 내려와 즐거워하며 영접하거늘

7 뭇 사람이 보고 수군거려 이르되 저가 죄인의 집에 유하러 들어갔도다 하더라

8 삭개오가 서서 주께 여짜오되 주여 보시옵소서 내 소유의 절반을 가난한 자들에게 주겠사오며 만일 누구의 것을 속여 빼앗은 일이 있으면 네 갑절이나 갚겠나이다

9 예수께서 이르시되 오늘 구원이 이 집에 이르렀으니 이 사람도 아브라함의 자손임이로다

10 인자가 온 것은 잃어버린 자를 찾아 구원하려 함이니라

영화 〈암살〉에는 한때 독립운동가였으나 국가를 배신하고 일본 편에 섰던 한 사람이 나옵니다. 누군가 그에게 "왜 배신했는가?"라고 묻자 그가 이렇게 대답했습니다. "몰랐으니까! 내가… 내가 조선이 독립될 줄 몰랐으니까! 알았으면 했겠어!" 맞는 말입니다. 알았으면 그런 선택을 하지 않았을 것입니다. 사람들이 몰라서 잘못된 것을 선택하고 몰라서 잘못된 인생을 살아갑니다. 그래서 인생은 열심보다 방향이 중요합니다. 여기 인생 최고의 선택을 한 사람이 등장합니다. 그의 선택을 살펴보도록 하겠습니다.

인생은 무엇과도 바꿀 수 없다

삭개오는 로마치하에서 세리장이 될 만큼 수완이 좋고 부자였습니다. 누구보다 성공에 대한 의지가 강해서 성공을 위해서라면 못할 일이 없는 사람이었습니다. 삭개오는 더 많이 소유하고 더 높이 올라가면 성공한 인생이 될 줄 알았지만 그렇지 못했습니다. 도리어 더 공허해졌습니다. 잘못된 선택에 헌신하며 산 것입니다. 지금도 수많은 사람들이 한때 삭개오가 추구했던 것을 좇습니다. 하지만 인생은 너무나 고귀한 것이어서 물질과 명예로 살 수 있는 것이 아닙니다. 명품 옷이 사람을 명품으로 만드는 것이 아닙니다.

인생은 예수님으로 풍성해진다

인생은 소유가 아니라 관계를 통해서 풍성해집니다. 모든 나라와 모든 세대를 통틀어 행복한 사람들의 공통점은 좋은 관계를 맺고 산다는 것입니다. 그런데 모든 관계는 공간과 시간의 제한을 받습니다. 공간과 시간에서 멀어지면 관계도 소홀해집니다. 하지만 예수님과의 관계는 시공간의 제한을 받지 않습니다. 그러므로 어느 때든지 무엇을 하든지 예수님과 깊은 관계를 맺어야 합니다. 삭개오는 예수님을 보기 위해 돌무화과나무 위로 올라갔습니다. 명품 옷이 구겨지더라도 상관이 없었습니다. 그리고 마침내 예수님과 관계를 맺자 더 이상 소유로 자신을 증명하려고 하지 않았습니다. 소유의 절반을 가난한 자들에게 나눠 주고 자신이 저지른 불의에 대해 기꺼이 보상했습니다. 바른 인생의 방향을 찾았고 바르게 선택한 것입니다.

하나님 앞에서 우리는 다 어린아이와 같습니다. 체면 차릴 일이 없습니다. 사회적 지위도 하나님 앞에서는 무용지물입니다. 성격을 따지며 수줍어할 필요도 없습니다. 주님을 만나 더 깊은 관계를 맺기 위해서 돌무화과나무 위로 올라가야 합니다.

🌏 나눔

1. 하나님의 은혜를 경험하기 위해 더 열심을 냈어야 하는데 그러지 못한 적은 없나요? 가족과 나눠 보세요.
2. 하나님과 더 깊은 관계를 맺기 위해서 나는 무엇을 해야 할지 가족과 나눠 보세요.

🌏 기도

사람들의 평판에도 불구하고 우리 가정을 찾아와 관계를 맺어 주시는 주님, 감사합니다. 우리 가정 역시 주님과 바른 관계를 맺기 위해 노력하는 가정이 되게 해주세요. 우리 가정이 삭개오처럼 바른 선택과 바른 결단을 내리게 해주세요. 모든 것 되시는 예수님의 이름으로 기도합니다. 아멘.

🌏 이번 주 우리 가족 미션

🌏 한 주의 생명 양식

1 ♥ 눅 18:18-30
2 ♥ 눅 18:31-43
3 ♥ 눅 19:1-10
4 ♥ 눅 19:11-27
5 ♥ 눅 19:28-40
6 ♥ 눅 19:41-48
7 ♥ 눅 20:1-8

보이는 것이 전부가 아니다

- 누가복음 21장 1-11절
- 찬송가 94장 주 예수보다 더 귀한 것은 없네

누가복음 21장 1-11절

1 예수께서 눈을 들어 부자들이 헌금함에 헌금 넣는 것을 보시고

2 또 어떤 가난한 과부가 두 렙돈 넣는 것을 보시고

3 이르시되 내가 참으로 너희에게 말하노니 이 가난한 과부가 다른 모든 사람보다 많이 넣었도다

4 저들은 그 풍족한 중에서 헌금을 넣었거니와 이 과부는 그 가난한 중에서 자기가 가지고 있는 생활비 전부를 넣었느니라 하시니라

5 어떤 사람들이 성전을 가리켜 그 아름다운 돌과 헌물로 꾸민 것을 말하매 예수께서 이르시되

6 너희 보는 이것들이 날이 이르면 돌 하나도 돌 위에 남지 않고 다 무너뜨려지리라

7 그들이 물어 이르되 선생님이여 그러면 어느 때에 이런 일이 있겠사오며 이런 일이 일어나려 할 때에 무슨 징조가 있사오리이까

8 이르시되 미혹을 받지 않도록 주의하라 많은 사람이 내 이름으로 와서 이르되 내가 그라 하며 때가 가까이 왔다 하겠으나 그들을 따르지 말라

9 난리와 소요의 소문을 들을 때에 두려워하지 말라 이 일이 먼저 있어야 하되 끝은 곧 되지 아니하리라

10 또 이르시되 민족이 민족을, 나라가 나라를 대적하여 일어나겠고
11 곳곳에 큰 지진과 기근과 전염병이 있겠고 또 무서운 일과 하늘로부터 큰 징조들이
있으리라

시인은 사람들이 느끼지 못하는 대추 한 알의 아픔을 느낍니다. 작곡가는 사람들이 듣지 못하는 세상의 소리를 듣습니다. 성도는 사람들이 보지 못하는 하나님의 나라를 볼 수 있어야 합니다. 유홍준 교수는 그의 책 『나의 문화유산 답사기』(창비, 1993)에서 "아는 만큼 보인다"고 했습니다. 맞습니다. 아는 만큼 보입니다. 눈에 보이는 것이 전부가 아닙니다. 뿐만 아니라 보이지 않는 것이 본질인 경우가 많습니다. 예수님은 보는 관점과 깊이가 달랐습니다. 예수님은 무엇을 보십니까?

헌신의 크기를 보라

예수님 당시 부자들은 드러내는 것을 좋아했기에 헌금함에 헌금을 넣는 것을 쉽게 볼 수 있었습니다. 부자들은 헌금을 내면서 당당했고 사람들은 그 사람의 재력을 부러워했습니다. 그런데 예수님의 시선은 두 렙돈을 헌금하는 한 과부에게 있었습니다. 한 렙돈은 노동자의 하루 임금인 한 데나리온의 약 100분의 1입니다. 두 렙돈은 매우 적은 금액이었습니다. 경제적인 가치로 보자면 과부의 헌금은 교회를 운영하는 데 거의 도움이 되지 못합니다. 하지만 예수님은 그 여인의 헌금에 가장 높은 점수를 주셨습니다. 부자들은 쓰고 남은 금액의 얼마를 낸 것이고, 과부는 생존을 위해 필요한 금액 전부를 헌금했다는 것이 그 이유입니다. 예수님은 마음의 중심을 보십니다. 사람들은 돈의 크기를 주목하지만, 예수님은 헌신의 크기를 주목하십니다. 나의 헌신은 예수님께서 보시기에 어떻습니까?

마지막 때를 준비하라

유대인들이 예루살렘 성전의 웅대함과 화려함에 대해 신나서 예수님께 자랑했습니다. 아마도 예루살렘 성전이 좋은 교회라고 말했을 것입니다. 지금도 사람들은 교회 건물의 크기, 체계적인 행정 시스템, 많은 교인수, 교회의 사회적인 영향력을 보고 좋은 교회라고 평가합니다. 하지만 예수님은 건물을 보시는 것이 아니라 그 교회가 마지막 때를 준비하는가를 보십니다. 사람들은 거대한 성전을 보고 있는데, 예수님은 무너질 성전을 보고 계십니다. 성전의 웅대함이 나를 보호해 주지 못합니다. 마지막 때를 분별하고, 준비하는 믿음이 있어야 합니다. 거짓 선지자들은 때를 분간하지 못하고 거짓된 소문을 퍼트립니다. 속아서는 안 됩니다. 세상의 화려함을 보는 것이 아니라 깨어 있어 주님 오실 날을 준비해야 합니다.

전에 관심이 없던 것도 관심을 갖게 되면 그것만 보입니다. 임신을 하면 임산부와 아기들만 보입니다. 어떤 차를 사고 싶은 마음이 간절하면 도로에 그 차만 보입니다. 마음에 가득 찬 것이 잘 보입니다. 지금 무엇이 보입니까? 눈에 보이는 그것이 마음에 가득 차 있는 것입니다. 심령이 예수님으로 가득 차 있어서 예수님이 보시는 것을 같이 볼 수 있기를 바랍니다.

❸ 나눔

1. 우리 가정의 헌금 생활을 가족과 나눠 보세요. 어떻게 하면 예수님께서 더욱 기뻐하시는 헌물이 될지 나눠 보세요.
2. 마지막 때를 준비하는 가정이 되기 위해서 무엇을 해야 할지 가족과 나눠 보세요.

❸ 기도

마음의 중심과 본질을 보시는 예수님, 우리 가정의 중심이 순결하게 해주세요. 세상의 화려함과 힘을 부러워하여 잠시 한눈팔았던 우리를 용서해 주세요. 안개처럼 사라질 것에 집중하지 않게 하시고, 안개가 걷힌 이후에 맞이할 하나님 나라를 준비하는 가정이 되게 해주세요. 우리 가정의 중심을 보시는 예수님의 이름으로 기도합니다. 아멘.

❸ 이번 주 우리 가족 미션

❸ 한 주의 생명 양식

1 ❤ 눅 20:9-18
2 ❤ 눅 20:19-26
3 ❤ 눅 20:27-40
4 ❤ 눅 20:41-47
5 ❤ 눅 21:1-11
6 ❤ 눅 21:12-19
7 ❤ 눅 21:20-28

다가올 시험을 준비하라

- 누가복음 22장 35-46절
- 찬송가 365장 마음속에 근심 있는 사람

누가복음 22장 35-46절

35 그들에게 이르시되 내가 너희를 전대와 배낭과 신발도 없이 보내었을 때에 부족한 것이 있더냐 이르되 없었나이다

36 이르시되 이제는 전대 있는 자는 가질 것이요 배낭도 그리하고 검 없는 자는 겉옷을 팔아 살지어다

37 내가 너희에게 말하노니 기록된 바 그는 불법자의 동류로 여김을 받았다 한 말이 내게 이루어져야 하리니 내게 관한 일이 이루어져 감이니라

38 그들이 여짜오되 주여 보소서 여기 검 둘이 있나이다 대답하시되 족하다 하시니라

39 예수께서 나가사 습관을 따라 감람 산에 가시매 제자들도 따라갔더니

40 그 곳에 이르러 그들에게 이르시되 유혹에 빠지지 않게 기도하라 하시고

41 그들을 떠나 돌 던질 만큼 가서 무릎을 꿇고 기도하여

42 이르시되 아버지여 만일 아버지의 뜻이거든 이 잔을 내게서 옮기시옵소서 그러나 내 원대로 마시옵고 아버지의 원대로 되기를 원하나이다 하시니

43 천사가 하늘로부터 예수께 나타나 힘을 더하더라

44 예수께서 힘쓰고 애써 더욱 간절히 기도하시니 땀이 땅에 떨어지는 핏방울같이 되더라

⁴⁵ 기도 후에 일어나 제자들에게 가서 슬픔으로 인하여 잠든 것을 보시고
⁴⁶ 이르시되 어찌하여 자느냐 시험에 들지 않게 일어나 기도하라 하시니라

영화 〈죽은 시인의 사회〉(미국, 1989)에서 키팅 선생님은 학생들에게 "카르페 디엠"(Carpe Diem), 즉 "현재를 즐겨라"라고 외쳤습니다. 한국에서는 한 번뿐인 인생을 즐기자는 욜로족(You Only Live Once)이 유행했습니다. 현재를 저당 잡힌 채 미래만을 위해서 살아가는 것도 잘못이지만 분명히 다가올 미래를 준비하지 않는 것도 잘못입니다. 현재를 살아가되 다가올 미래를 반드시 준비해야 합니다. 예수님은 다가올 고난을 앞에 두고 제자들을 준비시키십니다. 우리는 어떻게 준비해야 할까요?

때에 맞는 준비를 하라

누가복음 10장에서 예수님은 제자들을 아무것도 준비시키지 않은 채 사역의 현장으로 보내셨습니다. 전대, 배낭, 신발, 음식 준비도 없이 보내셨습니다. 그런데 지금은 상황이 달라졌습니다. 이제는 전대와 배낭, 그리고 검을 준비하라고 하십니다. 사역 초기에는 하나님이 공급하실 것이라는 믿음 하나만 가지고 사역의 현장으로 가게 하셨다면, 사역 후기에는 다가올 수난에 자신의 몸을 보호할 수 있도록 준비시키셨습니다. 때에 맞는 준비를 해야 합니다. 시험 날짜가 다가오는데 공부하지 않으면 낭패를 봅니다. 적이 쳐들어올 것을 분명히 알면서 준비하지 않으면 전쟁에서 집니다. 고대 로마 시대의 장군이자 유명한 전략가인 플라비우스 베게티우스 레나투스(Flavius Vegetius Renatus)는 그의 저서 『군사학 논고』(지만지, 2011)에서 "평화를 원하면 전쟁을 위해 준비하라"(Si Vis Pacem Para Bellum)고 했습니다. 인생의 때에 맞는 준비를 하기 바랍니다.

기도로 준비하라

준비해야 할 것 중에 가장 중요한 것은 영적인 준비, 기도입니다. 예수님은 죽음을 앞에 둔 순간에 기도하러 감람 산에 가셨습니다. 예수님은 평소 기도가 습관화되었고 위기의 순간에는 더욱 뜨거운 기도를 드리셨습니다. 예수님은 제자들과 거리를 두고 하나님과 독대하는 기도를 하십니다. 무릎을 꿇고 간절한 마음으로 원하는 바를 기도하십니다. 하지만 언제나 기도의 결론은 아버지의 뜻을 구하는 것이었습니다. 어려운 상황에서 쉽지 않은 기도를 드리신 것입니다. 대속의 죽음을 위한 기도입니다. 하나님은 예수님의 기도에 응답하시는 대신 천사를 보내어 기도를 더욱 힘 있게 하십니다. 반면 제자들은 유혹에 빠지지 않기 위해(40절), 시험에 들지 않기 위해(46절) 기도했어야 하는데 잠들고 말았습니다. 곧이어 벌어질 위기 앞에 제자들이 보일 반응이 예상됩니다. 그 어떤 준비보다 기도로 영적인 준비를 해야 합니다. 인생의 모든 때마다 기도로 준비해야 합니다.

시험이 다가오고 있습니다. 제자들은 그때를 분간하지 못하고 잠들었습니다. 삼손은 향락에 빠져 잠들었고, 엘리야는 탈진하여 잠들었으며, 요나는 태만하여 잠들었습니다. 다섯 처녀는 신랑이 올 때를 분간하지 못하고 잠들었습니다. 잠들지 말고 깨어 있어야 합니다. 깨어 기도하면서 다가올 시험을 준비하기 바랍니다.

😊 나눔

1. 때를 놓쳐 낭패를 본 적이 있다면 가족과 나눠 보세요.
2. 나는 지금 무슨 기도를 우선으로 해야 할지 가족과 나눠 보세요.

😊 기도

우리가 기도하길 원하시고 기도할 때마다 힘을 더하시는 하나님, 우리 가정이 날마다 깨어 기도하기를 힘쓰는 가정이 되게 해주세요. 인생의 때를 분간할 수 있는 민감함을 주시고, 모든 때를 승리하기 위해 준비하는 성실함을 주세요. 무엇보다 깨어 기도할 수 있는 영적인 집중력을 더해 주세요. 우리 가정의 구원자 되시는 예수님의 이름으로 기도합니다. 아멘.

😊 이번 주 우리 가족 미션

😊 한 주의 생명 양식

1 ♥ 눅 21:29-38
2 ♥ 눅 22:1-13
3 ♥ 눅 22:14-23
4 ♥ 눅 22:24-34
5 ♥ 눅 22:35-46
6 ♥ 눅 22:47-53
7 ♥ 눅 22:54-62

십자가에 달린
예수님을 바라보라

- 누가복음 23장 39–46절
- 찬송가 435장 나의 영원하신 기업

누가복음 23장 39-46절

³⁹ 달린 행악자 중 하나는 비방하여 이르되 네가 그리스도가 아니냐 너와 우리를 구원하라 하되

⁴⁰ 하나는 그 사람을 꾸짖어 이르되 네가 동일한 정죄를 받고서도 하나님을 두려워하지 아니하느냐

⁴¹ 우리는 우리가 행한 일에 상당한 보응을 받는 것이니 이에 당연하거니와 이 사람이 행한 것은 옳지 않은 것이 없느니라 하고

⁴² 이르되 예수여 당신의 나라에 임하실 때에 나를 기억하소서 하니

⁴³ 예수께서 이르시되 내가 진실로 네게 이르노니 오늘 네가 나와 함께 낙원에 있으리라 하시니라

⁴⁴ 때가 제육시쯤 되어 해가 빛을 잃고 온 땅에 어둠이 임하여 제구시까지 계속하며

⁴⁵ 성소의 휘장이 한가운데가 찢어지더라

⁴⁶ 예수께서 큰 소리로 불러 이르시되 아버지 내 영혼을 아버지 손에 부탁하나이다 하고 이 말씀을 하신 후 숨지시니라

'예수님은 내게 누구입니까?' 이 질문이 신앙의 근본적인 질문입니다. 이 질문에 대한 답에 따라 '예수님에게 무엇을 기대합니까?'라는 질문의 답이 나옵니다. 이 질문에 대한 성경의 답은 분명합니다. 예수님은 구원자이십니다. 예수님은 우리가 하나님께로 가는 새로운 길을 열어 놓으셨습니다. 예수님은 이 일을 십자가를 통해서 이루셨습니다. 십자가는 기독교의 핵심입니다. 그러므로 우리는 날마다 십자가를 묵상하고 십자가에 달린 예수 그리스도를 바라봐야 합니다. 십자가를 바라본다는 것은 무엇을 의미합니까?

예수님을 구원자로 확신하라

십자가에 함께 달린 사람 중에 한 명이 예수님을 비방합니다. "네가 그리스도냐 너와 우리를 구원하라." 이 사람은 지금 죽어 가는 상황에서도 용서받지 못할 신성모독의 발언을 합니다. 이 사람이 예수님에 대한 마지막 비방자입니다. 이것이 인간입니다. 죽어 가는 상황에서도 자신을 구원할 유일한 구세주를 몰라보고 죄를 더합니다. 반면 십자가에 달린 또 다른 사람은 대조적인 반응을 합니다. 예수님을 모독하는 사람을 꾸짖고 주님의 나라에 임하실 때 자신을 기억해 달라고 간청합니다. 동일한 상황에서 한 사람은 죄를 더하고 한 사람은 죄 용서함을 받습니다. 우리 역시 다 죽음을 향해 가고 있습니다. 산다는 것은 결국 죽는다는 것입니다. 그러므로 십자가에 달린 예수님을 바라봐야 합니다. 구원자로 확실히 믿어야 합니다. 십자가에 달린 예수님을 바라볼 때 예수님과 함께 낙원에 있게 될 것입니다.

은혜의 보좌 앞에 담대히 나아가라

태양이 그리스도에게 경의를 표하는 듯 제육 시쯤에 해가 빛을 잃고 어둠이 제구 시까지 계속되었습니다. 그때 성소의 휘장 한가운데가 찢어지는 일이 벌어집니다. 휘장은 지성소와 성소 사이에 있는 장막입니다. 지성소는 대제사장만이 1년에 한 번, 대속죄일에 들어갔습니다. 휘장이 찢어졌다는 것의 의미는 제사장이 중심이 된 제사를 통해서만 하나님께 나아갔던 것이 예수 그리스도를 통하여 직접 하나님 앞으로 나아갈 수 있게 되었다는 것입니다. 예수 그리스도의 대속으로 "우리를 위하여 새로운 살길"(히 10:19-22)이 열린 것입니다. 십자가로 인해서 우리는 은혜의 보좌 앞에 담대히 나갈 수 있게 되었습니다. "우리에게 있는 대제사장은 우리의 연약함을 동정하지 못하실 이가 아니요 모든 일에 우리와 똑같이 시험을 받으신 이로되 죄는 없으시니라 그러므로 우리는 긍휼하심을 받고 때를 따라 돕는 은혜를 얻기 위하여 은혜의 보좌 앞에 담대히 나아갈 것이니라"(히 4:15-16).

예수님은 우리의 가려운 등이나 긁어 주러 오신 분이 아닙니다. 우리의 생명을 구원해 주기 위해 오신 분입니다. 신학자 오웬(John Owen)은 "그리스도의 죽음 없이는 죄의 죽음도 없습니다"라고 말했습니다. 예수님의 대속의 십자가로 인해 우리는 구원받았습니다. 하나님께 가는 새로운 길이 열렸습니다. 은혜의 보좌 앞에 담대히 나갈 수 있게 되었습니다.

❸ 나눔

1. 예수님과 함께 십자가에 달려 있던 두 사람의 반응을 보면서 나 같으면 어떻게 반응했을지 나눠 보세요.
2. 예수님의 십자가 공로로 가정예배도 담대히 드릴 수 있게 되었는데 어떻게 하면 더 은혜로운 가정예배가 될 수 있을지 나눠 보세요.

❸ 기도

우리를 구원하기 위해 고통의 십자가를 짊어지신 예수님, 감사드립니다. 우리 가정이 날마다 십자가의 사랑을 심장에 담고 살아가게 해주세요. 십자가의 공로를 힘입어 담대히 은혜의 보좌 앞으로 더 가까이 가는 가정이 되게 해주세요. 우리 가정을 위해 십자가를 지신 예수님의 이름으로 기도합니다. 아멘.

❸ 이번 주 우리 가족 미션

❸ 한 주의 생명 양식

1 ♥ 눅 22:63-71
2 ♥ 눅 23:1-12
3 ♥ 눅 23:13-25
4 ♥ 눅 23:26-38
5 ♥ 눅 23:39-46
6 ♥ 눅 23:47-56
7 ♥ 눅 24:1-12

하나님을 인정하라

- 사무엘하 1장 1-16절
- 찬송가 370장 주 안에 있는 나에게

사무엘하 1장 1-16절

1 사울이 죽은 후에 다윗이 아말렉 사람을 처죽이고 돌아와 다윗이 시글락에서 이틀을 머물더니

2 사흘째 되는 날에 한 사람이 사울의 진영에서 나왔는데 그의 옷은 찢어졌고 머리에는 흙이 있더라 그가 다윗에게 나아와 땅에 엎드려 절하매

3 다윗이 그에게 묻되 너는 어디서 왔느냐 하니 대답하되 이스라엘 진영에서 도망하여 왔나이다 하니라

4 다윗이 그에게 이르되 일이 어떻게 되었느냐 너는 내게 말하라 그가 대답하되 군사가 전쟁 중에 도망하기도 하였고 무리 가운데에 엎드러져 죽은 자도 많았고 사울과 그의 아들 요나단도 죽었나이다 하는지라

5 다윗이 자기에게 알리는 청년에게 묻되 사울과 그의 아들 요나단이 죽은 줄을 네가 어떻게 아느냐

6 그에게 알리는 청년이 이르되 내가 우연히 길보아 산에 올라가 보니 사울이 자기 창에 기대고 병거와 기병은 그를 급히 따르는데

7 사울이 뒤로 돌아 나를 보고 부르시기로 내가 대답하되 내가 여기 있나이다 한즉

8 내게 이르되 너는 누구냐 하시기로 내가 그에게 대답하되 나는 아말렉 사람이니이다 한즉

9 또 내게 이르시되 내 목숨이 아직 내게 완전히 있으므로 내가 고통 중에 있나니 청하건대 너는 내 곁에 서서 나를 죽이라 하시기로

10 그가 엎드러진 후에는 살 수 없는 줄을 내가 알고 그의 곁에 서서 죽이고 그의 머리에 있는 왕관과 팔에 있는 고리를 벗겨서 내 주께로 가져왔나이다 하니라

11 이에 다윗이 자기 옷을 잡아 찢으매 함께 있는 모든 사람도 그리하고

12 사울과 그의 아들 요나단과 여호와의 백성과 이스라엘 족속이 칼에 죽음으로 말미암아 저녁 때까지 슬퍼하여 울며 금식하니라

13 다윗이 그 소식을 전한 청년에게 묻되 너는 어디 사람이냐 대답하되 나는 아말렉 사람 곧 외국인의 아들이니이다 하니

14 다윗이 그에게 이르되 네가 어찌하여 손을 들어 여호와의 기름 부음 받은 자 죽이기를 두려워하지 아니하였느냐 하고

15 다윗이 청년 중 한 사람을 불러 이르되 가까이 가서 그를 죽이라 하매 그가 치매 곧 죽으니라

16 다윗이 그에게 이르기를 네 피가 네 머리로 돌아갈지어다 네 입이 네게 대하여 증언하기를 내가 여호와의 기름 부음 받은 자를 죽였노라 함이니라 하였더라

청년 이기풍은 서양 선교사들을 서양 귀신이라고 부르며 전도를 방해한 사람이었습니다. 사무엘 마펫(마포삼열) 선교사가 장터에서 전도하는 모습을 보고 돌로 마펫 선교사의 턱을 맞춰 피가 흐르게 하는 식이었습니다. 그러던 어느 날 잠자던 중에 하나님이 이기풍을 찾아와 "기풍아, 기풍아, 왜 나를 핍박하느냐? 너는 나의 증인이 될 사람이다"라고 말씀하시자, 그 자리에서 엎드려 자신의 죄를 회개했습니다. 이제 이기풍은 하나님을 인정하는 사람이 되었습니다. 신학 훈련을 받고 최초로 제주도 선교사가 되었습니다. 하나님을 인정하는 사람은 삶의 선택과 태도가 다릅니다. 하나님을 인정하는 사람의 특징을 살펴보겠습니다.

🌱하나님이 세우신 리더의 권위를 인정하라

아말렉 청년이 다윗이 머물던 시글락에 찾아와(2절) 절망적인 소식을 전합니다. 이스라엘은 블레셋과의 전쟁에서 패했고 사울 왕과 요나단이 죽었습니다. 아말렉 청년은 사울과 다윗이 불편한 관계라는 걸 알았으므로 어떤 보상을 바라고 자신이 사울을 죽였다고 거짓 보고를 했습니다. 하지만 다윗은 리더를 세우시는 하나님의 권위를 인정하는 사람이었습니다. 다윗은 여러 번 사울을 죽일 기회가 있었지만 사울을 세우신 하나님의 권위를 인정하여 죽이지 않았습니다. 물질에 눈이 먼 아말렉 군사는 결국 비참한 최후를 맞이합니다. 하나님을 인정하는 사람은 하나님이 세우신 사람을 인정합니다.

🌱하나님의 때를 기다리라

다윗은 사울과 요나단의 죽음을 진심으로 안타까워했습니다. 그들을 위해 애가를 지어 부르며 마음 깊이 애도했습니다. 진심은 행동으로 드러납니다. 다윗의 인생에서 사울은 가시 같은 존재였습니다. 사울과는 공적으로는 왕과 장군의 관계이고 사적으로는 장인어른과 사위의 관계였지만, 다윗은 사울로 인해 한평생 도망자 신세로 살아야 했습니다. 다윗은 엔게디 동굴에서도 사울을 죽일 기회가 있었으나 하나님의 권위를 생각해서 사울을 죽이지 않았습니다. 하나님의 주권을 인정하는 사람은 주어진 상황을 자의적으로 해석하지 않습니다. 잠잠히 하나님이 하실 일들을 기다립니다.

하나님의 주권을 인정하는 사람은 자기중심적으로 상황을 해석하고 하나님의 뜻이라며 경거망동하지 않습니다. 비록 지금 힘들고 어려워도 하나님의 주권을 인정하여 하나님의 때까지 잠잠히 기다립니다. 하나님을 인정하십시오. 하나님이 이루십니다.

🔄 나눔

1. 나는 리더의 권위를 인정하는 사람입니까? 가정과 회사, 교회에서 나의 모습은 어떠한지 가족과 나눠 보세요.
2. 지금 하나님의 주권을 믿으며 하나님의 때까지 기다리는 것이 있나요? 그 내용을 가족과 나누 보세요.

🔄 기도

하나님, 우리 가정이 하나님의 주권을 인정하는 가정이 되게 해주세요. 하나님이 세우신 사람을 존중하고 하나님이 허락하신 환경을 믿음으로 품는 가정이 되게 해주세요. 삶의 매 순간 하나님을 인정하는 복된 가정이 되게 해주세요. 귀하신 예수님의 이름으로 기도합니다. 아멘.

🔄 이번 주 우리 가족 미션

🔄 한 주의 생명 양식

1 ❤ 눅 24:13-35
2 ❤ 눅 24:36-53
3 ❤ 삼하 1:1-16
4 ❤ 삼하 1:17-27
5 ❤ 삼하 2:1-17
6 ❤ 삼하 2:18-32
7 ❤ 삼하 3:1-11

하나님의
방법으로 하라

- 사무엘하 6장 1–11절
- 찬송가 28장 복의 근원 강림하사

사무엘하 6장 1-11절

1 다윗이 이스라엘에서 뽑은 무리 삼만 명을 다시 모으고

2 다윗이 일어나 자기와 함께 있는 모든 사람과 더불어 바알레유다로 가서 거기서 하나님의 궤를 메어 오려 하니 그 궤는 그룹들 사이에 좌정하신 만군의 여호와의 이름으로 불리는 것이라

3 그들이 하나님의 궤를 새 수레에 싣고 산에 있는 아비나답의 집에서 나오는데 아비나답의 아들 웃사와 아효가 그 새 수레를 모니라

4 그들이 산에 있는 아비나답의 집에서 하나님의 궤를 싣고 나올 때에 아효는 궤 앞에서 가고

5 다윗과 이스라엘 온 족속은 잣나무로 만든 여러 가지 악기와 수금과 비파와 소고와 양금과 제금으로 여호와 앞에서 연주하더라

6 그들이 나곤의 타작 마당에 이르러서는 소들이 뛰므로 웃사가 손을 들어 하나님의 궤를 붙들었더니

7 여호와 하나님이 웃사가 잘못함으로 말미암아 진노하사 그를 그 곳에서 치시니 그가 거기 하나님의 궤 곁에서 죽으니라

8 여호와께서 웃사를 치시므로 다윗이 분하여 그 곳을 베레스웃사라 부르니 그 이름이

오늘까지 이르니라

⁹ 다윗이 그 날에 여호와를 두려워하여 이르되 여호와의 궤가 어찌 내게로 오리요 하고

¹⁰ 다윗이 여호와의 궤를 옮겨 다윗 성 자기에게로 메어 가기를 즐겨하지 아니하고 가드 사람 오벧에돔의 집으로 메어 간지라

¹¹ 여호와의 궤가 가드 사람 오벧에돔의 집에 석 달을 있었는데 여호와께서 오벧에돔과 그의 온 집에 복을 주시니라

이스라엘은 블레셋과의 전쟁에서 법궤를 빼앗기고 말았습니다. 법궤는 블레셋 다곤 신전에 보관되어 있었습니다. 하지만 법궤로 인해 다곤 신상이 부서지자 두려움을 느낀 블레셋 방백들이 법궤를 이스라엘로 돌려보냈습니다. 법궤는 기럇여아림에 있는 아비나답 제사장의 집에서 70년간 머물렀습니다. 이스라엘 왕위에 오른 다윗은 법궤를 가져오려고 합니다. 이것은 선한 계획이며 하나님의 뜻이기도 합니다. 그러나 결과는 좋지 않았습니다. 살다 보면 분명 하나님이 원하시는 일임에도 불구하고 결과가 안 좋을 때가 있습니다. 하나님의 방법대로 행하지 않았기 때문입니다. 어떻게 하면 선한 의도로 시작한 일을 마지막까지 아름답게 마무리할 수 있을까요?

🌱 선한 열정도 관리가 필요하다

다윗은 하나님을 향한 열정이 뜨거웠습니다. 말씀이 중심이 된 나라를 만들고 싶었습니다. 다윗은 법궤를 가져오기 위해 3만 명이나 되는 사람들을 동원했습니다. 모든 일이 계획대로 순조롭게 진행되었습니다. 법궤를 가져오는 일은 축제처럼 진행되었습니다. 다윗과 이스라엘 족장들은 악기와 수금과 비파와 소고를 연주하며 한껏 기뻐했습니다(5절). 그러나 축제 같은 분위기에 찬물을 끼얹는 사건이 일어났습니다. 나곤의 타작마당에 이르렀을 때 소들이 뛰기 시작했습니다. 갑자기 뛰는 소들로 법궤가 흔들리자 운반

의 책임을 맡은 웃사가 하나님의 궤를 본능적으로 붙들었습니다(6절). 웃사는 하나님의 법궤에 대한 열심으로 그렇게 한 것입니다. 하지만 그는 그 자리에서 즉사했습니다. 손으로 만져서는 안 될 법궤를 만졌기 때문입니다. 선한 열정 역시 관리되어야 합니다. 열정은 불같아서 관리하지 않으면 아무리 선한 의도로 한 일이라도 모든 계획을 태울 수 있기 때문입니다.

하나님의 매뉴얼을 따라야 한다

하나님은 법궤를 이동할 때 어떻게 해야 하는지를 이미 모세에게 말씀하셨습니다. "…고핫 자손들이 와서 멜 것이니라 그러나 성물은 만지지 말라 그들이 죽으리라 회막 물건 중에서 이것들은 고핫 자손이 멜 것이며"(민 4:15). 법궤는 제사장이 어깨에 메도록 만들어졌습니다. 그런데 다윗은 어깨에 메지 않고 소가 끄는 수레에 실었습니다. 하나님의 일은 하나님의 방법대로 해야 합니다. 웃사는 제사장으로서 법궤를 어떻게 다루어야 하는지 알고 있었습니다. 법궤는 함부로 손을 대서는 안 되는 것이었습니다. 하지만 소가 뛰며 법궤가 흔들리자 손을 댔습니다. 정당하고 의로워 보이는 행동이지만 하나님의 방법을 따르지 않은 행동이었습니다. 하나님의 일은 좋은 아이디어로 하는 것이 아니라 하나님의 말씀대로 해야 합니다.

우리는 하나님의 일을 하면서 우리의 생각을 따를 때가 많습니다. 내가 계획한 대로 되기를 바라고, 내가 경험한 것을 토대로 일을 진행합니다. 그러나 하나님이 원하시는 것을 하나님의 방법대로 해야 합니다. 조금 늦게 진행되더라도, 당장 열매를 보지 못한다 할지라도 하나님의 방법대로 해야 합니다. 하나님의 일을 하나님의 방법대로 하기를 축복합니다.

❸ 나눔

1. 나의 열정을 관리하지 못해서 일을 그르친 적이 있다면 가족과 나눠 보세요.
2. 하나님의 방법에 순종하여 좋은 결과를 얻은 경험을 가족과 나눠 보세요.

❸ 기도

하나님, 우리 가정에 하나님을 향한 뜨거운 열정이 있기를 원합니다. 뿐만 아니라 그 열정을 잘 관리하여 하나님의 방법대로 순종하길 원합니다. 조금 늦더라도, 돌아가는 것 같더라도 하나님의 방법을 따르는 가정이 되게 해주세요. 예수님의 이름으로 기도합니다. 아멘.

❸ 이번 주 우리 가족 미션

❸ 한 주의 생명 양식

1 ♥ 삼하 3:12–21
2 ♥ 삼하 3:22–30
3 ♥ 삼하 3:31–39
4 ♥ 삼하 4:1–12
5 ♥ 삼하 5:1–12
6 ♥ 삼하 5:13–25
7 ♥ 삼하 6:1–11

온 맘 다해 예배하라

- 사무엘하 6장 12-23절
- 찬송가 288장 예수를 나의 구주 삼고

사무엘하 6장 12-23절

12 어떤 사람이 다윗 왕에게 아뢰어 이르되 여호와께서 하나님의 궤로 말미암아 오벧에 돔의 집과 그의 모든 소유에 복을 주셨다 한지라 다윗이 가서 하나님의 궤를 기쁨으로 메고 오벧에돔의 집에서 다윗 성으로 올라갈새

13 여호와의 궤를 멘 사람들이 여섯 걸음을 가매 다윗이 소와 살진 송아지로 제사를 드리고

14 다윗이 여호와 앞에서 힘을 다하여 춤을 추는데 그때에 다윗이 베 에봇을 입었더라

15 다윗과 온 이스라엘 족속이 즐거이 환호하며 나팔을 불고 여호와의 궤를 메어오니라

16 여호와의 궤가 다윗 성으로 들어올 때에 사울의 딸 미갈이 창으로 내다보다가 다윗 왕이 여호와 앞에서 뛰놀며 춤추는 것을 보고 심중에 그를 업신여기니라

17 여호와의 궤를 메고 들어가서 다윗이 그것을 위하여 친 장막 가운데 그 준비한 자리에 그것을 두매 다윗이 번제와 화목제를 여호와 앞에 드리니라

18 다윗이 번제와 화목제 드리기를 마치고 만군의 여호와의 이름으로 백성에게 축복하고

19 모든 백성 곧 온 이스라엘 무리에게 남녀를 막론하고 떡 한 개와 고기 한 조각과 건 포도 떡 한 덩이씩 나누어 주매 모든 백성이 각기 집으로 돌아가니라

20 다윗이 자기의 가족에게 축복하러 돌아오매 사울의 딸 미갈이 나와서 다윗을 맞으며

이르되 이스라엘 왕이 오늘 어떻게 영화로우신지 방탕한 자가 염치 없이 자기의 몸을 드러내는 것처럼 오늘 그의 신복의 계집종의 눈앞에서 몸을 드러내셨도다 하니

21 다윗이 미갈에게 이르되 이는 여호와 앞에서 한 것이니라 그가 네 아버지와 그의 온 집을 버리시고 나를 택하사 나를 여호와의 백성 이스라엘의 주권자로 삼으셨으니 내가 여호와 앞에서 뛰놀리라

22 내가 이보다 더 낮아져서 스스로 천하게 보일지라도 네가 말한 바 계집종에게는 내가 높임을 받으리라 한지라

23 그러므로 사울의 딸 미갈이 죽는 날까지 그에게 자식이 없으니라

20세기의 위대한 설교가로 불리는 에이든 토저(Adien Tozer) 목사님은 『이것이 예배다』(규장, 2006)라는 책에서 예배가 실종되어 가는 것을 개탄하며 이렇게 말했습니다. "하나님을 경배하고 찬양하는 것이 우리의 의무인데도 복음주의적인 교회들에서 예배는 잃어버린 보석이 되고 말았다. 여기에 면류관이 있지만, 이 면류관에는 보석이 박혀 있지 않다. 지금 교회는 온갖 장식품으로 화려하게 빛나지만 정작 빛나야 할 보석인 예배는 실종되었다." 형식의 껍질을 깨고 마음을 다해 예배를 드려야 합니다. 하나님은 지금도 예배자를 찾으십니다. 우리는 어떻게 예배해야 할까요?

하나님의 방법대로 예배하라

아비나답의 집에 있던 언약궤를 옮겨 오려던 첫 번째 계획은 웃사의 죽음으로 중지되었습니다. 언약궤는 석 달 동안 오벧에돔의 집에 보관되었습니다. 언약궤를 보관하던 오벧에돔의 집이 복을 받았다는 소식이 들려오자 다윗은 다시 언약궤를 다윗성으로 옮겨 올 계획을 세웁니다. 다윗이 얼마나 하나님의 언약궤를 가까이 두고 싶어 했는지 알 수 있습니다. 그러나 이번에는 지난번에 세웠던 계획보다 더 신중하고 철저하게 준비했습니

다. 다윗은 자기 생각이 아닌 하나님의 방법대로 언약궤를 운반할 계획을 세웠습니다. 레위인들이 하나님의 언약궤를 메도록 했습니다. 언약궤를 멘 사람들이 여섯 걸음을 걷고 특별한 이상이 없는 것을 확인한 뒤 하나님께서 언약궤 운반을 허락하신 것으로 알고 감사의 제사를 드렸습니다. 다윗의 평생에 잊을 수 없는 예배였을 것입니다. 예배의 주인은 하나님이십니다. 모든 예배는 신중하게 말씀대로 진행되어야 합니다.

하나님 앞에서 전심으로 예배하라

오늘 본문에 '여호와 앞에서'라는 단어가 반복됩니다. 다윗의 예배는 '여호와 앞에서' 전심을 다한 예배였습니다. 다윗은 이스라엘 백성들에게는 왕이지만 하나님 앞에서는 한 사람의 예배자에 불과합니다. 다윗은 너무 기쁜 나머지 힘을 다하여 춤을 췄습니다(14a절). 다윗은 왕복 대신 베로 만든 에봇을 입고 하나님 앞에 나왔습니다. 다윗이 베옷을 입고 나온 것은 하나님 앞에 겸손하게 서고자 하는 마음의 표현입니다. 다윗은 백성들이 어떻게 생각할지, 어떤 눈으로 쳐다볼지 신경 쓰지 않고 춤을 춥니다. 미갈은 다윗의 이런 모습이 보기 싫었습니다. 다윗이 뛰며 춤출 때 드러난 살을 보며 왕이 품위를 손상시켰다고 생각했습니다. 미갈은 하나님이 아니라 백성들의 시선에 신경을 쓰는 사람이었습니다. 전심으로 드리지 않는 예배는 쇼(show)입니다. 하나님은 쇼를 좋아하지 않으십니다.

서두에서 언급한 에이든 토저 목사님의 또 다른 책 『예배인가, 쇼인가』(규장, 2004)는 제목 자체로 우리를 도전하고 있습니다. 나의 예배는 진정한 예배입니까, 쇼입니까? 하나님의 방법대로 예배하고 전심을 다해 예배하기를 축복합니다.

❸ 나눔

1. 내가 예배드리는 모습 가운데 고쳐야 할 부분이 있다면 가족과 나눠 보세요.
2. 다윗처럼 다른 사람을 의식하지 않고 전심으로 예배한 적이 있나요? 그때의 상황을 가족과 나눠 보세요.

❸ 기도

하나님, 우리 가정의 예배가 다윗처럼 하나님 앞에서 뛰노는 예배가 되길 바랍니다. 하나님의 방법대로 예배하고 전심을 다해 예배하는 가정이 되게 해주세요. 우리 가정의 예배를 받으실 예수님의 이름으로 기도합니다. 아멘

❸ 이번 주 우리 가족 미션

❸ 한 주의 생명 양식

1 ❤ 삼하 6:12-23
2 ❤ 삼하 7:1-7
3 ❤ 삼하 7:8-17
4 ❤ 삼하 7:18-29
5 ❤ 삼하 8:1-8
6 ❤ 삼하 8:9-18
7 ❤ 삼하 9:1-13

가장 시급한 일, 회개

- 사무엘하 12장 13-23절
- 찬송가 305장 나 같은 죄인 살리신

사무엘하 12장 13-23절

13 다윗이 나단에게 이르되 내가 여호와께 죄를 범하였노라 하매 나단이 다윗에게 말하되 여호와께서도 당신의 죄를 사하셨나니 당신이 죽지 아니하려니와

14 이 일로 말미암아 여호와의 원수가 크게 비방할 거리를 얻게 하였으니 당신이 낳은 아이가 반드시 죽으리이다 하고

15 나단이 자기 집으로 돌아가니라 우리아의 아내가 다윗에게 낳은 아이를 여호와께서 치시매 심히 앓는지라

16 다윗이 그 아이를 위하여 하나님께 간구하되 다윗이 금식하고 안에 들어가서 밤새도록 땅에 엎드렸으니

17 그 집의 늙은 자들이 그 곁에 서서 다윗을 땅에서 일으키려 하되 왕이 듣지 아니하고 그들과 더불어 먹지도 아니하더라

18 이레 만에 그 아이가 죽으니라 그러나 다윗의 신하들이 아이가 죽은 것을 왕에게 아뢰기를 두려워하니 이는 그들이 말하기를 아이가 살았을 때에 우리가 그에게 말하여도 왕이 그 말을 듣지 아니하셨나니 어떻게 그 아이가 죽은 것을 그에게 아뢸 수 있으랴 왕이 상심하시리로다 함이라

19 다윗이 그의 신하들이 서로 수군거리는 것을 보고 그 아이가 죽은 줄을 다윗이 깨닫

고 그의 신하들에게 묻되 아이가 죽었느냐 하니 대답하되 죽었나이다 하는지라
²⁰ 다윗이 땅에서 일어나 몸을 씻고 기름을 바르고 의복을 갈아입고 여호와의 전에 들어가서 경배하고 왕궁으로 돌아와 명령하여 음식을 그 앞에 차리게 하고 먹은지라
²¹ 그의 신하들이 그에게 이르되 아이가 살았을 때에는 그를 위하여 금식하고 우시더니 죽은 후에는 일어나서 잡수시니 이 일이 어찌 됨이니이까 하니
²² 이르되 아이가 살았을 때에 내가 금식하고 운 것은 혹시 여호와께서 나를 불쌍히 여기사 아이를 살려 주실는지 누가 알까 생각함이거니와
²³ 지금은 죽었으니 내가 어찌 금식하랴 내가 다시 돌아오게 할 수 있느냐 나는 그에게로 가려니와 그는 내게로 돌아오지 아니하리라 하니라

오스트리아 빈의 임페리얼 박물관에 가면 눈에 띄는 그림이 한 장 있습니다. 그림에 얽힌 내용은 다음과 같습니다. 테오도시우스(Theodosius, 주후 378~395) 황제가 밀라노 성당에 들어가 미사를 드리려 하자 당시 대주교인 암브로시우스(Ambrosius)가 두 손을 벌려 성당 문을 가로막으며 말했습니다. "당신은 데살로니가에서 반란을 진압한다는 명목으로 무고한 양민을 1500명이나 학살했기 때문에 성당에 들어와 미사를 드릴 수 없습니다." 그러자 황제가 "다윗도 간음죄와 살인죄를 짓지 아니했는가!"라며 항변했습니다. 대주교의 대답은 이랬습니다. "다윗의 죄를 모방하려 하십니까! 그렇다면 다윗의 회개도 모방하십시오!" 황제라 할지라도 죄를 지었다면 회개해야 합니다. 그 누구도 죄에서 자유로운 사람은 없습니다. 다윗 역시 죄를 지었습니다. 이때 하나님은 어떻게 죄인을 다루시며 다윗은 어떻게 반응합니까?

죄는 반드시 드러난다

다윗은 하나님의 은혜로 나라가 강해지고 평안할 때 은밀하게 죄를 지

었습니다. 고난 중에 거룩하게 살았던 다윗은 평온 중에 죄의 유혹에 넘어졌습니다. 목욕하는 밧세바를 보고 간음을 저지른 후 남편 우리아를 전쟁에서 죽일 계획을 세웁니다. 다윗은 은밀하게 죄를 진행했으나 하나님은 공개적으로 다윗의 죄를 폭로하셨습니다. 죄를 짓는 모든 사람은 은밀하게 계획하고 숨어서 진행합니다. 누구한테도 들키지 않기 위해서입니다. 하지만 결코 하나님을 속일 수는 없습니다. 죄는 반드시 드러납니다. '이 정도는 괜찮겠지', '이번이 마지막이야', '누구나 이 정도는 하잖아' 이런 생각이 들 때 기억해야 합니다. 이 정도도 안 됩니다. 죄는 반드시 드러납니다.

죄의 값은 고통스럽다

죄를 통해서 얻는 것보다 죄 때문에 지불해야 할 값이 더 크고 고통스럽습니다. 죄는 원수에게 비방거리를 제공하고(14절), 하나님과의 관계를 멀어지게 합니다. 더구나 죄는 전염성이 강해서 하나님이 죄의 문제를 다루실 때는 단호하고 과감하게 죄의 근원까지 도려내십니다. 다윗은 자신이 지은 죄로 태어난 아기가 죽게 될 것이라는 예언을 듣고(14b절), 금식하며 통곡으로 밤을 지새웠으나 아기는 죽고 말았습니다. 죄의 값은 고통스럽습니다. 그러니 우리 인생에서 가장 시급한 일은 회개입니다. 많은 사람들이 제대로 회개하지 않았으면서 이 정도면 회개했다고 착각합니다. 진실된 회개를 해야 합니다. 죄에서 완전히 돌아서야 합니다.

죄에 대해 우리가 가져야 할 태도는 단호함입니다. 적당히 넘어갈 수 있는 죄는 없습니다. 회개할 부분이 있다면 다른 모든 것을 멈추고 회개해야 합니다. 죄는 달콤하게 유혹하지만 그 결과는 고통밖에 없습니다. 하나님 앞에서 순결하게 살아가기를 축복합니다.

❸ 나눔

1. '이 정도는 괜찮겠지' 하고 행동했다가 어려움을 당한 일이 있나요? 그 내용을 가족과 나눠 보세요.
2. 온 가족이 손을 잡고 회개 기도의 시간을 가져 보세요. 하나님의 긍휼을 구하는 기도의 시간을 가져 보세요.

❸ 기도

하나님, 우리 가정이 하나님이 보시기에 순결한 가정이 되길 소망합니다. 아무리 작은 죄도 크게 경계하게 하시고 죄의 유혹을 단호히 이기는 가정이 되게 해주세요. 그 무엇보다 회개할 일이 있다면 즉각 회개하는 가정이 되길 원합니다. 예수님의 이름으로 기도합니다. 아멘.

❸ 이번 주 우리 가족 미션

❸ 한 주의 생명 양식

1 ♥ 삼하 10:1-8
2 ♥ 삼하 10:9-19
3 ♥ 삼하 11:1-13
4 ♥ 삼하 11:14-27
5 ♥ 삼하 12:1-12
6 ♥ 삼하 12:13-23
7 ♥ 삼하 12:24-31

내 안의 욕망을 분별하라

- 사무엘하 15장 1-12절
- 찬송가 254장 내 주의 보혈은

사무엘하 15장 1-12절

1 그 후에 압살롬이 자기를 위하여 병거와 말들을 준비하고 호위병 오십 명을 그 앞에 세우니라

2 압살롬이 일찍이 일어나 성문 길 곁에 서서 어떤 사람이든지 송사가 있어 왕에게 재판을 청하러 올 때에 그 사람을 불러 이르되 너는 어느 성읍 사람이냐 하니 그 사람의 대답이 좋은 이스라엘 아무 지파에 속하였나이다 하면

3 압살롬이 그에게 이르기를 보라 네 일이 옳고 바르다마는 네 송사를 들을 사람을 왕께서 세우지 아니하셨다 하고

4 또 압살롬이 이르기를 내가 이 땅에서 재판관이 되고 누구든지 송사나 재판할 일이 있어 내게로 오는 자에게 내가 정의 베풀기를 원하노라 하고

5 사람이 가까이 와서 그에게 절하려 하면 압살롬이 손을 펴서 그 사람을 붙들고 그에게 입을 맞추니

6 이스라엘 무리 중에 왕께 재판을 청하러 오는 자들마다 압살롬의 행함이 이와 같아서 이스라엘 사람의 마음을 압살롬이 훔치니라

7 사 년 만에 압살롬이 왕께 아뢰되 내가 여호와께 서원한 것이 있사오니 청하건대 내가 헤브론에 가서 그 서원을 이루게 하소서

8 당신의 종이 아람 그술에 있을 때에 서원하기를 만일 여호와께서 반드시 나를 예루살렘으로 돌아가게 하시면 내가 여호와를 섬기리이다 하였나이다

9 왕이 그에게 이르되 평안히 가라 하니 그가 일어나 헤브론으로 가니라

10 이에 압살롬이 정탐을 이스라엘 모든 지파 가운데에 두루 보내 이르기를 너희는 나팔 소리를 듣거든 곧 말하기를 압살롬이 헤브론에서 왕이 되었다 하라 하니라

11 그때 청함을 받은 이백 명이 압살롬과 함께 예루살렘에서부터 헤브론으로 내려갔으니 그들은 압살롬이 꾸민 그 모든 일을 알지 못하고 그저 따라가기만 한 사람들이라

12 제사 드릴 때에 압살롬이 사람을 보내 다윗의 모사 길로 사람 아히도벨을 그의 성읍 길로에서 청하여 온지라 반역하는 일이 커가매 압살롬에게로 돌아오는 백성이 많아지니라

현대 사회는 사람들의 욕망을 부추기는 사회입니다. 다양한 매체가 우리의 눈과 귀를 자극해 욕망을 부추깁니다. 철학자이자 정신분석학자인 라캉(Jacques Lacan)은 "인간은 타자의 욕망을 욕망한다"고 말했습니다. 그것이 내가 정말 필요한 것인지, 진정으로 원하는 것인지도 모른 채 타인이 소유한 것을 갈망한다는 것입니다. 급기야는 품어서는 안 되는 욕망까지 품고 그것을 쟁취하기 위해 위험한 질주를 합니다. 다윗의 아들 압살롬에게서 고삐 풀린 욕망의 삶을 보게 됩니다. 욕망을 통제하지 못할 때 어떤 일이 벌어집니까?

잘못된 욕망은 잘못된 계획을 세우게 한다

압살롬은 굴곡 많은 인생을 살았습니다. 자신의 여동생 다말이 이복형제 암논에게 강간을 당하자 암논을 죽이고 그술 왕 달매에게 도망을 갔습니다. 그 뒤 요압의 노력으로 아버지 집으로 돌아올 수 있었습니다. 다윗은 압살롬의 죄를 용서해 주었지만 압살롬은 품지 말아야 할 욕망을 품었습니다. 아버지를 몰아내고 스스로 왕이 되기로 한 것입니다. 병거와 말들을 준비하고 호위병 50명을 거느리면서 마치 왕위 계승을 앞둔 왕처럼 굴었습

니다(1절). 송사를 위해 왕을 찾아온 사람들의 마음을 훔치기 위해 은근히 다 윗을 비난했습니다(3절). 잘못된 욕망을 품은 압살롬은 자신의 삶을 스스로 망가뜨리는 방향으로 계획을 세우고 실행합니다. 인생을 낭비하는 것입니 다. "내게 주신 은혜로 말미암아 너희 각 사람에게 말하노니 마땅히 생각할 그 이상의 생각을 품지 말고 오직 하나님께서 각 사람에게 나누어 주신 믿 음의 분량대로 지혜롭게 생각하라"(롬 12:3).

🌿잘못된 욕망은 잘못을 저지른다

압살롬은 아버지 몰래 소리 소문 없이 4년을 준비했습니다. 예루살렘에 돌아온 지 7년 만에 그는 헤브론에 가서 예배를 드리고 오겠다고 말합니다. 이는 거짓말입니다. 헤브론은 다윗이 왕으로 취임한 곳입니다. 압살롬은 의 도적으로 헤브론에서 왕이 되었다고 선언했습니다. 사람들에게 정통성을 인정받은 왕처럼 보이기 위한 행동이었습니다. 압살롬은 미리 준비해 놓은 사람들에게 신호가 떨어지면 "압살롬이 헤브론에서 왕이 되었다"라고 선 포하게 했습니다. 압살롬의 반역에 아히도벨도 동참하게 됩니다. 압살롬을 따르는 사람들도 많아졌습니다(12절). 잘되는 것처럼 보입니다. 하지만 결 국 압살롬의 계획은 실패하고, 다윗에게 쫓기는 신세가 되어 비참한 최후 를 맞고 맙니다. 욕망에 사로잡힌 사람은 누구나 다 알고 있는 욕망의 결론 을 보지 못합니다.

꿈이라고 말하지만 욕망에 사로잡힌 사람들이 많습니다. 우리의 자녀가 욕 망의 사람이 되지 않기를 바랍니다. 우리 부모들이 욕망이 아닌 사명의 사람 이 되길 축복합니다. 욕망과 꿈을 분별하는 지혜가 필요합니다. 세상의 욕망 을 욕망하는 것이 아니라 하나님의 나라를 소망하는 가정이 되길 바랍니다.

🔇 나눔

1. 잘못된 욕심을 품은 적이 있습니까? 부끄럽지만 그 내용을 가족과 나눠 보세요.
2. 잘못된 욕심에 이끌려 잘못된 행동을 한 적이 있다면 가족과 나눠 보세요.

🔇 기도

하나님, 우리 가정이 이 땅의 욕망에 마음을 빼앗기지 않기를 원합니다. 오직 하나님 나라를 향한 거룩한 열망을 품고 살아가게 해주세요. 우리 가정의 소망되시는 예수님의 이름으로 기도합니다. 아멘.

🔇 이번 주 우리 가족 미션

🔇 한 주의 생명 양식

1 ❤ 삼하 13:1-19
2 ❤ 삼하 13:20-29
3 ❤ 삼하 13:30-39
4 ❤ 삼하 14:1-11
5 ❤ 삼하 14:12-20
6 ❤ 삼하 14:21-33
7 ❤ 삼하 15:1-12

분별이 필요한 때

- 사무엘하 16장 1-14절
- 찬송가 438장 내 영혼이 은총 입어

사무엘하 16장 1-14절

1 다윗이 마루턱을 조금 지나니 므비보셋의 종 시바가 안장 지운 두 나귀에 떡 이백 개와 건포도 백 송이와 여름 과일 백 개와 포도주 한 가죽부대를 싣고 다윗을 맞는지라

2 왕이 시바에게 이르되 네가 무슨 뜻으로 이것을 가져왔느냐 하니 시바가 이르되 나귀는 왕의 가족들이 타게 하고 떡과 과일은 청년들이 먹게 하고 포도주는 들에서 피곤한 자들에게 마시게 하려 함이니이다

3 왕이 이르되 네 주인의 아들이 어디 있느냐 하니 시바가 왕께 아뢰되 예루살렘에 있는데 그가 말하기를 이스라엘 족속이 오늘 내 아버지의 나라를 내게 돌리리라 하나이다 하는지라

4 왕이 시바에게 이르되 므비보셋에게 있는 것이 다 네 것이니라 하니라 시바가 이르되 내가 절하나이다 내 주 왕이여 내가 왕 앞에서 은혜를 입게 하옵소서 하니라

5 다윗 왕이 바후림에 이르매 거기서 사울의 친족 한 사람이 나오니 게라의 아들이요 이름은 시므이라 그가 나오면서 계속하여 저주하고

6 또 다윗과 다윗 왕의 모든 신하들을 향하여 돌을 던지니 그때에 모든 백성과 용사들은 다 왕의 좌우에 있었더라

7 시므이가 저주하는 가운데 이와 같이 말하니라 피를 흘린 자여 사악한 자여 가거라 가거라

8 사울의 족속의 모든 피를 여호와께서 네게로 돌리셨도다 그를 이어서 네가 왕이 되었으나 여호와께서 나라를 네 아들 압살롬의 손에 넘기셨도다 보라 너는 피를 흘린 자이므로 화를 자초하였느니라 하는지라

9 스루야의 아들 아비새가 왕께 여짜오되 이 죽은 개가 어찌 내 주 왕을 저주하리이까 청하건대 내가 건너가서 그의 머리를 베게 하소서 하니

10 왕이 이르되 스루야의 아들들아 내가 너희와 무슨 상관이 있느냐 그가 저주하는 것은 여호와께서 그에게 다윗을 저주하라 하심이니 네가 어찌 그리하였느냐 할 자가 누구겠느냐 하고

11 또 다윗이 아비새와 모든 신하들에게 이르되 내 몸에서 난 아들도 내 생명을 해하려 하거든 하물며 이 베냐민 사람이랴 여호와께서 그에게 명령하신 것이니 그가 저주하게 버려두라

12 혹시 여호와께서 나의 원통함을 감찰하시리니 오늘 그 저주 때문에 여호와께서 선으로 내게 갚아 주시리라 하고

13 다윗과 그의 추종자들이 길을 갈 때에 시므이는 산비탈로 따라가면서 저주하고 그를 향하여 돌을 던지며 먼지를 날리더라

14 왕과 그와 함께 있는 백성들이 다 피곤하여 한 곳에 이르러 거기서 쉬니라

빅데이터 시대가 되면서 하루에도 수많은 정보들이 쏟아지고 있습니다. 무엇이 진짜이고 가짜인지 구별하기가 힘든 시대입니다. 이런 때 더욱 필요한 능력은 분별력입니다. 갈수록 세상은 교묘해져서 가치 있는 것이 폄하되고 있습니다. 하나님은 우리가 분별력이 있기를 바라십니다. 어떻게 하면 분별력을 가질 수 있을까요?

🌱 눈에 보이는 게 다가 아니다

다윗은 살면서 온갖 고생을 다했습니다. 하지만 그 어떤 고생보다도 아들 압삽롬의 반역이 가장 큰 시련이었습니다. 분노와 배신감, 허탈함으로 마음이 복잡했을 것입니다. 피난길에서 두 나귀에 떡 200개와 건포도 100송이,

여름 과일 100개와 포도주 한 가죽부대를 가지고 온 시바를 만났습니다. 시바는 요나단의 아들 므비보셋에게 준 땅을 관리하도록 임명한 사람입니다. 시바는 다윗을 위로하는 척하면서 므비보셋이 불순한 마음을 먹었다고 거짓말을 합니다. 몸과 마음이 지친 다윗은 순간 분별력을 잃고 맙니다. 아군과 적군을 구별하지 못한 것입니다. 몸과 마음이 지치면 현실이 너무 커 보여서 분별력을 잃고 잘못된 결정을 할 수 있습니다. 그런 때일수록 판단을 유보하고 기도하면서 하나님의 뜻을 구해야 합니다.

하나님의 관점으로 볼 때 분별할 수 있다

다윗이 바후림을 지나고 있을 때 사울의 친척 시므이가 다윗을 따라오며 온갖 욕설과 저주를 퍼부었습니다. 보다 못한 아비새가 시므이를 죽이겠다고 하자 다윗은 그를 말렸습니다(9-10절). 다윗은 이 기막힌 상황이 하나님이 허락하셨기 때문에 일어난 일이라고 보았습니다. 시므이의 행동도 하나님이 허락하셨기 때문이라고 생각했습니다. 다윗이 이처럼 자신이 닥친 상황을 바르게 분별할 수 있었던 것은 하나님의 시각으로 보았기 때문입니다. 상황만 놓고 보면 억울할 수 있습니다. 그러나 하나님의 시각으로 바라보면 거기에 하나님의 뜻이 있다는 것을 발견하게 됩니다. 하나님의 시각으로 상황을 바라보는 사람이 분별력 있는 사람입니다.

분별력은 하나님과 친밀할 때 높아집니다. 진짜를 가까이해야 가짜를 쉽게 구별할 수 있습니다. 분별력이 있는 사람은 눈에 보이는 대로 판단하지 않고 하나님의 시각으로 상황을 분별합니다. 분별력이 있는 사람은 태풍이 몰아치는 복잡한 상황에서도 하나님의 뜻을 구합니다. 그러한 가정이 되길 축복합니다.

◉ 나눔

1. 어려운 결정의 순간에 분별력을 발휘해 문제를 해결한 경험이 있다면 가족과 나눠 보세요.
2. 혹시 지금 분별력이 필요한 일이 있나요? 가족과 솔직히 나누고 서로의 지혜를 모아 보세요.

◉ 기도

하나님, 시간이 지날수록 문제는 복잡해지고 능력은 부족한 것을 느낍니다. 우리 가정에 하나님의 뜻과 방법을 분별할 수 있는 분별력을 더해 주세요. 옳고 그름을 구분하고 해야 할 것과 하지 말아야 할 것을 분별하게 해주세요. 지혜를 주실 예수님의 이름으로 기도합니다. 아멘.

◉ 이번 주 우리 가족 미션

◉ 한 주의 생명 양식

1 ♥ 삼하 15:13-23
2 ♥ 삼하 15:24-37
3 ♥ 삼하 16:1-14
4 ♥ 삼하 16:15-23
5 ♥ 삼하 17:1-14
6 ♥ 삼하 17:15-29
7 ♥ 삼하 18:1-15

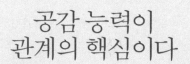

33주

공감 능력이
관계의 핵심이다

- 사무엘하 18장 24-33절
- 찬송가 453장 예수 더 알기 원하네

사무엘하 18장 24-33절

24 때에 다윗이 두 문 사이에 앉아 있더라 파수꾼이 성 문 위층에 올라가서 눈을 들어 보니 어떤 사람이 홀로 달려오는지라

25 파수꾼이 외쳐 왕께 아뢰매 왕이 이르되 그가 만일 혼자면 그의 입에 소식이 있으리라 할 때에 그가 점점 가까이 오니라

26 파수꾼이 본즉 한 사람이 또 달려오는지라 파수꾼이 문지기에게 외쳐 이르되 보라 한 사람이 또 혼자 달려온다 하니 왕이 이르되 그도 소식을 가져오느니라

27 파수꾼이 이르되 내가 보기에는 앞선 사람의 달음질이 사독의 아들 아히마아스의 달음질과 같으니이다 하니 왕이 이르되 그는 좋은 사람이니 좋은 소식을 가져오느니라 하니라

28 아히마아스가 외쳐 왕께 아뢰되 평강하옵소서 하고 왕 앞에서 얼굴을 땅에 대고 절하며 이르되 왕의 하나님 여호와를 찬양하리로소이다 그의 손을 들어 내 주 왕을 대적하는 자들을 넘겨 주셨나이다 하니

29 왕이 이르되 젊은 압살롬은 잘 있느냐 하니라 아히마아스가 대답하되 요압이 왕의 종 나를 보낼 때에 크게 소동하는 것을 보았사오나 무슨 일인지 알지 못하였나이다 하니

30 왕이 이르되 물러나 거기 서 있으라 하매 물러나서 서 있더라

156

31 구스 사람이 이르러 말하되 내 주 왕께 아뢸 소식이 있나이다 여호와께서 오늘 왕을 대적하던 모든 원수를 갚으셨나이다 하니

32 왕이 구스 사람에게 묻되 젊은 압살롬은 잘 있느냐 구스 사람이 대답하되 내 주 왕의 원수와 일어나서 왕을 대적하는 자들은 다 그 청년과 같이 되기를 원하나이다 하니

33 왕의 마음이 심히 아파 문 위층으로 올라가서 우니라 그가 올라갈 때에 말하기를 내 아들 압살롬아 내 아들 내 아들 압살롬아 차라리 내가 너를 대신하여 죽었더면, 압살롬 내 아들아 내 아들아 하였더라

인공지능 시대에 공감 능력은 사람됨의 중요한 가치가 되었습니다. 공감 능력이 떨어지면 사람을 사물 다루듯이 합니다. 정재승 교수는 "일은 잘하는데 공감은 못하는 리더(일잘공못)와 일은 못하지만 공감은 잘하는 리더(일못공잘) 중에 누가 더 나을까?"라고 질문한 뒤에 '일못공잘' 리더가 이끄는 팀이 팀 퍼포먼스가 더 좋다고 밝힙니다. 공감 능력이 그만큼 중요하다는 방증입니다. 다윗은 전쟁에서 승리했으나 전쟁에서 승리한 기쁨보다 아들이 죽은 것에 대한 슬픔이 더 컸습니다. 하지만 다윗과 함께한 사람들은 다윗의 마음을 전혀 공감하지 못했습니다. 이 사건이 우리에게 주는 교훈은 무엇입니까?

공감력은 상대방 입장에서 생각하는 것부터

다윗은 대외적으로 성공한 사람이었습니다. 또한 유능한 정치인이었고, 유력한 군사였습니다. 하지만 한 집안의 가장으로서는 부족한 사람이었습니다. 밧세바와 외도함으로써 신실하지 못한 남편의 모습을 보여 줬고, 자녀 간에 성적인 문제가 일어났음에도 훈계와 지도를 바르게 하지 못했습니다. 압살롬의 반역은 그 결과로 일어난 것입니다. 다윗은 이 사실을 잘 알았습니다. 그랬기에 다윗은 전쟁터로 향하는 요압과 군사들에게 나를

생각해서 압살롬을 너그럽게 대해 달라고 당부했습니다(삼하 18:5). 하지만 요압의 창은 압살롬에게 무자비했습니다. 다윗에게 아들 압살롬은 죽어야 할 적이 아니라 용서해야 할 아들이었습니다. 공감 능력은 상대방에 대한 배려에서 시작합니다. 하나님이 우리에게 그렇게 하셨듯이 우리 역시 상대방의 입장에서 먼저 생각해야 합니다.

공감 능력은 하나님의 마음을 닮는 것

압살롬의 죽음에 대한 소식이 전쟁에서 승리한 기쁨을 덮었습니다. 다윗에게 압살롬의 죽음을 보고하는 구스 사람은 다윗의 감정에 전혀 공감하지 못했습니다. 다윗은 "압살롬아 내 아들 내 아들 압살롬아 차라리 내가 너를 대신하여 죽었더면…"(33절) 하고 울부짖었습니다. 이것이 부모의 마음입니다. 부모에게 자녀의 허물은 자녀의 허물이 아니라 자신의 허물입니다. 부모는 사랑으로 모든 허물을 덮습니다(잠 10:12). 부모의 사랑은 하나님의 사랑을 닮았습니다. 하나님은 반역한 우리를 구원하기 위해 할 수 있는 모든 일을 다하셨습니다. 예수 그리스도를 대속 제물로 삼으시기까지 우리를 사랑하십니다. 하나님의 마음을 닮은 사람이 공감 능력이 높은 사람입니다. 일보다 사람의 감정을 먼저 살피는 가정이 되길 바랍니다.

가정 안에서 일어나는 모든 문제는 부모의 입장에서 생각해 보고, 자녀의 입장에서 생각해 보면 해결하지 못할 일이 없습니다. 상대방에게 허물이 있다 해도 깊이 공감할 수 있다면 사랑으로 허물을 덮을 수 있습니다. 공감 능력이 뛰어난 가정이 되길 축복합니다.

🕃 나눔

1. 누군가 나의 마음을 몰라 줘서 속상했던 경험이 있다면 가족과 나눠 보세요.
2. 지금 관계에 어려움을 느끼는 사람이 있다면 그 사람의 입장에서 생각해 보는 시간을 가져 보세요.

🕃 기도

우리 가정의 깊은 마음까지도 공감하시는 하나님, 우리 가정 역시 하나님을 닮아 공감 능력이 높아지길 원합니다. 우리 가정과 관계하는 모든 사람에게 쉼과 안식을 베푸는 가정이 되게 해주세요. 사랑하는 예수님의 이름으로 기도합니다. 아멘.

🕃 이번 주 우리 가족 미션

🕃 한 주의 생명 양식

1 ♥ 삼하 18:16-23
2 ♥ 삼하 18:24-33
3 ♥ 삼하 19:1-8
4 ♥ 삼하 19:9-15
5 ♥ 삼하 19:16-23
6 ♥ 삼하 19:24-30
7 ♥ 삼하 19:31-43

보이지 않는 하나님

- 사무엘하 22장 1-7절
- 찬송가 360장 행군 나팔 소리에

사무엘하 22장 1-7절

1 여호와께서 다윗을 모든 원수의 손과 사울의 손에서 구원하신 그 날에 다윗이 이 노래의 말씀으로 여호와께 아뢰어

2 이르되 여호와는 나의 반석이시요 나의 요새시요 나를 위하여 나를 건지시는 자시요

3 내가 피할 나의 반석의 하나님이시요 나의 방패시요 나의 구원의 뿔이시요 나의 높은 망대시요 그에게 피할 나의 피난처시요 나의 구원자시라 나를 폭력에서 구원하셨도다

4 내가 찬송 받으실 여호와께 아뢰리니 내 원수들에게서 구원을 받으리로다

5 사망의 물결이 나를 에우고 불의의 창수가 나를 두렵게 하였으며

6 스올의 줄이 나를 두르고 사망의 올무가 내게 이르렀도다

7 내가 환난 중에서 여호와께 아뢰며 나의 하나님께 아뢰었더니 그가 그의 성전에서 내 소리를 들으심이여 나의 부르짖음이 그의 귀에 들렸도다

데이비드 즈와이그(David Zweig)는 그의 책 『인비저블』(민음인, 2015)에서 "겉으로 드러나지 않으면서 높은 성취도를 올리는 사람"을 인비저블이

라고 정의했습니다. 예를 들면 영화를 만들 때 배우는 아니지만 보이지 않는 곳에서 수고하여 좋은 영화가 만들어지도록 돕는 사람을 말합니다. 그런 의미에서 하나님은 우리 삶의 인비저블입니다. 보이지는 않지만 우리의 모든 것을 주관하고 계시기 때문입니다. 다윗의 승리는 하나님의 승리였습니다. 엄밀한 의미에서 다윗이 한 일은 아무것도 없습니다. 하나님이 다 하셨습니다. 다윗 역시 이 사실을 분명히 알고 있습니다. 그래서 다윗의 승전가는 하나님에 대한 찬양입니다.

하나님이 다 하셨다

다윗의 인생은 말 그대로 파란만장했습니다. 다윗은 죽음을 앞두고 자신의 인생을 돌아보며 그동안 자신과 함께하신 하나님의 은혜에 감사하며 찬양했습니다. 다윗은 양을 치던 목동에서 하루아침에 국민 영웅이 되었습니다. 그러나 승승장구할 것 같던 다윗의 인생은 하루아침에 도망자 신세가 되었습니다. 도망자 신세가 되었을 때 다윗이 더욱 절실하게 깨달은 것은 하나님이 유일한 구원자라는 사실입니다(1절). 믿음의 사람은 구원의 주체가 누구인지 압니다. 자기 노력과 힘으로 절대 자기를 구원할 수 없다는 것을 압니다. 구원이 하나님에게서 온다는 것을 알기에 하나님을 찬양합니다. 우리 인생은 하나님의 손에 있습니다. 보이지 않는 하나님의 손이 우리를 붙들고 이끌어 주십니다.

하나님이 승리케 하신다

다윗은 하나님을 다양한 이름으로 찬양합니다. 다윗은 누구보다 하나님을 깊이 알고 경험한 사람인데도 고통을 통과하면서 더욱 확장된 하나님에 대한 지식을 얻게 되었습니다. 하나님은 위험한 순간마다 반석과 요새가 되어 주셨다고 고백합니다. 하나님이 세운 요새는 무너지지 않고 누구도 뚫을 수 없습니다. 하나님은 우리를 건지시는 자입니다(2b절). 다윗이 사방으로 욱여쌈을 당했을 때 하나님은 그 가운데서 그를 건져 주셨습니다. 하나님의 손이 미치지 않는 곳이 없습니다. 하나님은 모든 순간에 피난처가 되십니다(3절). 다윗은 인생의 첫 전쟁이었던 골리앗과의 대결에서부터 이 사실을 알았습니다. "여호와의 구원하심이 칼과 창에 있지 아니함을 이 무리에게 알게 하리라 전쟁은 여호와께 속한 것인즉 그가 너희를 우리 손에 넘기시리라"(삼상 17:47). 하나님이 승리하게 하십니다.

전쟁은 군사나 무기가 많다고 승리하는 게 아닙니다. 하나님이 싸워 주셔야 승리할 수 있습니다. 하나님이 승리의 근원입니다. 다윗은 일찍이 이 사실을 깨달았습니다. 두려움이 엄습하고 환난이 찾아올 때마다 다윗은 승리를 주시는 하나님을 찾았습니다. 불확실성으로 가득 찬 세상을 살아가는 우리는 불안할 수밖에 없습니다. 다윗이 부른 승전가를 힘차게 부르며 하나님의 도우심을 구하는 가정이 되길 바랍니다.

🔵 나눔

1. 보이지 않는 하나님의 도움의 손길로 문제를 해결한 경험이 있다면 가족과 나눠 보세요.
2. 다윗은 하나님을 다양한 언어로 표현합니다(3절). 나라면 하나님을 어떻게 표현하고 싶은가요? 그 단어와 그렇게 표현한 이유를 가족과 나눠 보세요.

🔵 기도

보이지 않는 하나님의 손이 우리 가정을 붙들고 계셔서 감사합니다. 하나님이 우리 가정의 반석이요, 방패요, 구원의 뿔이요, 높은 망대가 되어 주셔서 감사합니다. 찬양을 받기에 합당하신 예수님의 이름으로 기도합니다. 아멘.

🔵 이번 주 우리 가족 미션

🔵 한 주의 생명 양식

1 ♥ 삼하 20:1-13
2 ♥ 삼하 20:14-26
3 ♥ 삼하 21:1-9
4 ♥ 삼하 21:10-22
5 ♥ 삼하 22:1-7
6 ♥ 삼하 22:8-20
7 ♥ 삼하 22:21-30

패망의 선봉,
교만을 조심하라

- 사무엘하 24장 1-14절
- 찬송가 549장 내 주여 뜻대로

사무엘하 24장 1-14절

1 여호와께서 다시 이스라엘을 향하여 진노하사 그들을 치시려고 다윗을 격동시키사 가서 이스라엘과 유다의 인구를 조사하라 하신지라

2 이에 왕이 그 곁에 있는 군사령관 요압에게 이르되 너는 이스라엘 모든 지파 가운데로 다니며 이제 단에서부터 브엘세바까지 인구를 조사하여 백성의 수를 내게 보고하라 하니

3 요압이 왕께 아뢰되 이 백성이 얼마든지 왕의 하나님 여호와께서 백 배나 더하게 하사 내 주 왕의 눈으로 보게 하시기를 원하나이다 그런데 내 주 왕은 어찌하여 이런 일을 기뻐하시나이까 하되

4 왕의 명령이 요압과 군대 사령관들을 재촉한지라 요압과 사령관들이 이스라엘 인구를 조사하려고 왕 앞에서 물러나

5 요단을 건너 갓 골짜기 가운데 성읍 아로엘 오른쪽 곧 야셀 맞은쪽에 이르러 장막을 치고

6 길르앗에 이르고 닷딤홋시 땅에 이르고 또 다냐안에 이르러서는 시돈으로 돌아

7 두로 견고한 성에 이르고 히위 사람과 가나안 사람의 모든 성읍에 이르고 유다 남쪽으로 나와 브엘세바에 이르니라

8 그들 무리가 국내를 두루 돌아 아홉 달 스무 날 만에 예루살렘에 이르러

9 요압이 백성의 수를 왕께 보고하니 곧 이스라엘에서 칼을 빼는 담대한 자가 팔십만

명이요 유다 사람이 오십만 명이었더라

10 다윗이 백성을 조사한 후에 그의 마음에 자책하고 다윗이 여호와께 아뢰되 내가 이 일을 행함으로 큰 죄를 범하였나이다 여호와여 이제 간구하옵나니 종의 죄를 사하여 주옵소서 내가 심히 미련하게 행하였나이다 하니라

11 다윗이 아침에 일어날 때에 여호와의 말씀이 다윗의 선견자 된 선지자 갓에게 임하여 이르시되

12 가서 다윗에게 말하기를 여호와께서 이와 같이 말씀하시기를 내가 네게 세 가지를 보이노니 너를 위하여 너는 그 중에서 하나를 택하라 내가 그것을 네게 행하리라 하셨다 하라 하시니

13 갓이 다윗에게 이르러 아뢰어 이르되 왕의 땅에 칠 년 기근이 있을 것이니이까 혹은 왕이 왕의 원수에게 쫓겨 석 달 동안 그들 앞에서 도망하실 것이니이까 혹은 왕의 땅에 사흘 동안 전염병이 있을 것이니이까 왕은 생각하여 보고 나를 보내신 이에게 무엇을 대답하게 하소서 하는지라

14 다윗이 갓에게 이르되 내가 고통 중에 있도다 청하건대 여호와께서는 긍휼이 크시니 우리가 여호와의 손에 빠지고 내가 사람의 손에 빠지지 아니하기를 원하노라 하는지라

마음은 길들이기 어려워서 매 순간 조심하지 않으면 실수하기 쉽습니다. 특별히 교만이란 마음이 그렇습니다. 하나님의 은혜를 잊어버리는 순간 교만이 올라와서 삶을 엉망으로 만들어 놓습니다. 다윗도 예외일 수 없습니다. 나라가 안정되고 편안해지자 다윗은 이전에 하지 않던 행동을 합니다. 물론 그 일이 왕으로서 꼭 필요한 일일 수도 있지만 하나님은 그 일을 진행하는 다윗의 마음의 동기를 보셨습니다. 우리는 항상 조심하여 어떤 일에 대한 마음의 동기를 분별할 수 있어야 합니다.

교만은 인생을 망치는 독약이다

잠언 기자는 "대저 그 마음의 생각이 어떠하면 그 위인도 그러하다"(잠

23:7)고 했습니다. 사람의 행동은 그의 생각에서 나옵니다. 다윗은 이스라엘과 유다의 인구를 조사하라는 명령을 내립니다(1절). 요압은 인구 조사는 하나님이 기뻐하시는 일이 아니라고 충언합니다(대상 21:3). 다윗의 인구 조사 명령이 순수하지 않다는 것을 요압은 알고 있었습니다. 요압도 알고 있는 것을 하나님이 모르실 리 없습니다. 자신이 거느린 군사의 수를 자랑하고 싶었던 것입니다. 교만한 마음이 드는 것은 한순간입니다. 교만은 인생을 망치는 독약과도 같으므로 빨리 흘려보내야 합니다.

🌱교만은 죄를, 죄는 죽음을 낳는다

"사랑하는 자식일수록 매를 아끼지 말라"는 말이 있습니다. 자식에게 매를 대는 것은 가슴 아프고 힘든 일이지만 매가 약이 되기 때문입니다. 하나님도 인생의 막대기로 매를 드십니다. 하나님이 매를 드시는 이유는 우리가 잘못을 깨닫고 돌이키게 하는 데 있습니다. 교만한 마음에 인구조사를 한 다윗에게 하나님은 갓 선지자를 보내 3가지 심판 중에 하나를 내리겠다고 말씀하십니다(12절). 하나님은 죄를 용서하시지만 간과하지 않으십니다. 다윗이 저지른 죄는 사흘 동안 전염병으로 7만 명이 죽는 결과를 가져왔습니다(15절). 우리가 죄를 경계하고 또 경계해야 하는 이유는 죄의 결과가 이같이 가볍지 않기 때문입니다. 교만의 결과를 반드시 기억해야 합니다.

겉으로 보기에 해야 할 일을 했을 뿐이라도 그 마음의 동기가 잘못되었다면 잘못입니다. 하나님은 결과보다 과정을 중요하게 여기십니다. 결과는 하나님이 이루실 것이고 우리는 과정을 정직하고 신실하게 행해야 합니다. 교만은 패망의 선봉입니다(잠 16:18). 늘 하나님 앞에서 겸손한 가정이 되길 바랍니다.

🌏 나눔

1. 보기엔 선한 일이지만 동기가 잘못된 일을 한 적이 없나요?
2. 나도 모르게 교만한 마음이 들었던 적이 있다면 그때 일을 가족과 나눠 보세요.

🌏 기도

마음의 중심을 보시는 하나님, 우리 가정의 중심이 하나님 보시기에 순결한 상태
이길 원합니다. 교만한 마음, 죄 된 마음이 있다면 깨끗한 심령이 되도록 단련해
주세요. 사랑하는 예수님의 이름으로 기도합니다. 아멘.

🌏 이번 주 우리 가족 미션

🌏 한 주의 생명 양식

1 ♥ 삼하 22:31–37
2 ♥ 삼하 22:38–51
3 ♥ 삼하 23:1–7
4 ♥ 삼하 23:8–17
5 ♥ 삼하 23:18–23
6 ♥ 삼하 23:24–39
7 ♥ 삼하 24:1–14

하나님께 인정받는 사람

- 시편 1편 1-6절
- 찬송가 384장 나의 갈 길 다가도록

시편 1편 1-6절

1 복 있는 사람은 악인들의 꾀를 따르지 아니하며 죄인들의 길에 서지 아니하며 오만한 자들의 자리에 앉지 아니하고

2 오직 여호와의 율법을 즐거워하여 그의 율법을 주야로 묵상하는도다

3 그는 시냇가에 심은 나무가 철을 따라 열매를 맺으며 그 잎사귀가 마르지 아니함 같으니 그가 하는 모든 일이 다 형통하리로다

4 악인들은 그렇지 아니함이여 오직 바람에 나는 겨와 같도다

5 그러므로 악인들은 심판을 견디지 못하며 죄인들이 의인들의 모임에 들지 못하리로다

6 무릇 의인들의 길은 여호와께서 인정하시나 악인들의 길은 망하리로다

누군가에게 인정을 받는다는 것은 참으로 좋은 일입니다. 학교에서 선생님에게 인정을 받으면 학교생활이 즐겁고, 회사에서 사장님에게 인정을 받으면 직장생활이 보람됩니다. 그런 의미에서 하나님에게 인정을 받는 사람은 복된 삶을 사는 것입니다. 하나님에게 인정받는 사람은 영원토록

형통한 삶을 살 수 있기 때문입니다. 그런데 회사에서 인정받는 사람이 하나님에게는 인정받지 못할 수도 있습니다. 가정에서 인정받는 사람이 하나님에게는 인정받지 못할 수도 있습니다. 그 누구보다 하나님에게 인정을 받아야 합니다. 어떻게 살아야 하나님이 인정하실까요?

악인의 꾀를 따르지 말라

하나님은 악인의 꾀를 싫어하십니다. 악인들의 생각은 복잡합니다. 악인들은 어렵게 꾀를 내어 사망에 이르는 길로 들어섭니다. 이것만큼 인생을 낭비하는 것도 없습니다. 엘리사의 사환 게하시는 악한 꾀를 따르다 돌이킬 수 없는 결과를 얻었습니다. 물질에 눈이 멀어 꾀를 내다가 나병에 걸린 것입니다. 아나니아와 삽비라 역시 헌금을 하는 문제로 꾀를 내다가 형벌을 받게 됩니다. 악인의 꾀는 당장에는 유익을 보는 것 같습니다. 하지만 악인의 꾀는 하나님의 심판을 자초할 뿐입니다. 악인의 삶은 바람에 나는 겨와 같습니다(4절). 악인은 결국 심판을 받으며, 그 심판은 너무 커서 견디지 못할 것입니다(5절). 악인의 꾀는 망할 것입니다. 이것을 명심해야 합니다.

오직 말씀을 따르라

하나님께 인정받는 사람은 말씀을 따르는 사람입니다. 누군가를 좋아하게 되면 그 사람과 대화를 하고 싶습니다. 그 사람의 말을 좋아하고 그 말을 마음에 담습니다. 하나님에게 인정받는 사람은 여호와의 율법을 즐거워하여 밤낮으로 그 말씀을 묵상합니다(2절). 복 있는 사람은 하나님의 말씀이 내 안에 있어야 복 있는 삶을 살 수 있다는 것을 압니다. 하나님은 말씀을 즐거워하고 묵상하는 사람을 시냇가에 심은 나무가 철을 따라 열매를 맺으며 그 잎사귀가 마르지 않는 것 같게 하십니다. 그래서 그가 하는 모든 일이 형통하게 하십니다(3절). 악의 꾀를 따르면 멸망이고 말씀을 따르면 형통입니다.

형식적으로 교회를 다니던 한 미군 장교가 월남전 때 월맹군의 포로가 되어 몇 년을 열악한 포로수용소에서 살았습니다. 성경을 보고 싶었으나 일주일에 딱 2시간만 볼 수 있었습니다. 어쩔 수 없이 2시간 동안 성경을 암기했습니다. 암기하고 묵상하고, 암기하고 묵상하면서 지옥 같은 수용소 생활을 견딜 수 있었습니다. 결국 말씀입니다. 말씀을 따르는 삶이 하나님이 인정하시는 삶이며 아름다운 열매를 맺는 삶입니다.

③ 나눔

1. 나의 유익을 위해 꾀를 냈다가 어려움을 당한 일이 있다면 가족과 나눠 보세요.
2. 힘든 상황이지만 말씀을 따라 선택했을 때 좋은 결과를 얻은 적이 있다면 가족과 나눠 보세요.

③ 기도

하나님, 우리 가정이 비록 세상에서는 주목받지 못해도 하나님에게는 인정받는 가정이 되길 원합니다. 어떤 경우에도 악인의 꾀를 멀리할 수 있는 용기를 주세요. 아무리 힘들어도 말씀을 묵상하는 힘으로 모든 일을 헤쳐 나가는 가정이 되길 원합니다. 예수님의 이름으로 기도합니다. 아멘.

③ 이번 주 우리 가족 미션

③ 한 주의 생명 양식

1 ♥ 삼하 24:15-25
2 ♥ 시 1:1-6
3 ♥ 시 2:1-12
4 ♥ 시 3:1-8
5 ♥ 시 4:1-8
6 ♥ 시 5:1-12
7 ♥ 시 6:1-10

하나님을 찬양하라

- 시편 8편 1-9절
- 찬송가 64장 기뻐하며 경배하세

시편 8편 1-9절

1 여호와 우리 주여 주의 이름이 온 땅에 어찌 그리 아름다운지요 주의 영광이 하늘을 덮었나이다

2 주의 대적으로 말미암아 어린 아이들과 젖먹이들의 입으로 권능을 세우심이여 이는 원수들과 보복자들을 잠잠하게 하려 하심이니이다

3 주의 손가락으로 만드신 주의 하늘과 주께서 베풀어 두신 달과 별들을 내가 보오니

4 사람이 무엇이기에 주께서 그를 생각하시며 인자가 무엇이기에 주께서 그를 돌보시나이까

5 그를 하나님보다 조금 못하게 하시고 영화와 존귀로 관을 씌우셨나이다

6 주의 손으로 만드신 것을 다스리게 하시고 만물을 그의 발 아래 두셨으니

7 곧 모든 소와 양과 들짐승이며

8 공중의 새와 바다의 물고기와 바닷길에 다니는 것이니이다

9 여호와 우리 주여 주의 이름이 온 땅에 어찌 그리 아름다운지요

우리 눈에는 작아 보이지만 태양의 실제 크기는 지구가 100만 개 들어갈

만큼 큽니다. 현대 과학으로 은하계 끝에서 끝으로 여행하는 것은 불가능합니다. 약 천억 개의 별로 구성된 은하계는 지금까지 발견된 것만 1억 개라고 합니다. 태초에 하나님이 천지를 창조하셨습니다. 하나님이 창조하신 세상을 보면 하나님을 찬양하지 않을 수가 없습니다. 하나님을 생각하면 할수록 우리가 할 수 있는 것은 찬양밖에 없습니다. 오늘 시인은 하나님을 목청 높여 찬양하고 있습니다.

찬양받기 합당한 하나님의 위엄

미국의 그랜드캐니언이나 나이아가라 폭포는 자연의 위대함을 보여 줍니다. 눈앞에 펼쳐진 장엄한 광경을 볼 때면 그 분위기에 압도되어 사람이 얼마나 초라한 존재인지를 깨닫게 됩니다. 아침마다 새로운 하늘과 날씨, 계절의 변화를 볼 때면 하나님이 행하시는 능력이 얼마나 대단한지를 깨닫게 됩니다. 시인은 이 땅의 모든 곳에서 하나님의 흔적을 보고 "주의 이름이 온 땅에 어찌 그리 아름다운지요"(1절)라고 감탄합니다. 제아무리 강한 대적도 하나님이 사용하시면 젖먹이라도 충분히 제압할 수 있습니다(2절). 거대한 골리앗이 소년 다윗에게 제압당했듯이 말입니다. 하나님의 이름만 의지하면 원수들과 보복자들이 잠잠케 됩니다(2b절). 하나님의 위엄을 찬양합시다.

무엇으로도 다 표현할 수 없는 하나님의 은혜

이 세상은 하나님의 지문으로 가득합니다. 하나님의 작품이 아닌 것이 없습니다. 그렇게 위대하신 하나님이 우리를 생각하시고 돌봐 주십니다(4절). 우리가 무엇이라고 위대하신 하나님이 우리를 돌봐 주십니까? 심지어 하나님은 우리를 하나님보다 조금 못하게 하셨습니다(5a절). 영화와 존귀로 관을 씌우셨습니다(5b절). 집 나간 탕자가 돌아왔을 때 좋은 옷을 입히고 가락지를 끼워 준 아버지처럼 하나님은 우리에게 큰 은혜를 베푸셨습니다. 하늘을 두루마리 삼고 바다를 먹물 삼아도 하나님의 사랑은 다 기록할 수 없습니다. 하나님의 은혜를 조금이라도 안다면 하나님을 찬양할 수밖에 없습니다.

시인은 찬양의 처음과 마지막에서 "여호와 우리 주여 주의 이름이 온 땅에 어찌 그리 아름다운지요"(1, 9절)라고 찬양했습니다. 이 고백은 하나님을 만난 모든 사람들의 처음과 마지막 고백입니다. 이 고백 외에 다른 무슨 고백이 필요하겠습니까? 한평생 하나님만을 목청껏 찬양하는 가정이 되길 바랍니다.

🌏 나눔

1. 자신이 좋아하는 찬양 하나씩을 선택해서 그 찬양을 좋아하는 이유를 나누고 함께 찬양해 보세요.
2. 각자의 마음을 담아 하나님을 찬양하는 시를 만들고 발표하는 시간을 가져 보세요.

🌏 기도

찬양받으시기에 합당한 하나님, 우리 가정이 한평생 하나님 한 분만 찬양하는 가정이 되길 원합니다. 늘 새로운 마음으로 하나님을 찬양하게 하시고, 하나님을 찬양하는 기쁨이 끊이지 않는 가정이 되게 해주세요. 우리 가정의 찬양을 기쁘게 받으실 예수님의 이름으로 기도합니다. 아멘.

🌏 이번 주 우리 가족 미션

🌏 한 주의 생명 양식

1 ❤ 시 7:1–17
2 ❤ 시 8:1–9
3 ❤ 시 9:1–10
4 ❤ 시 9:11–20
5 ❤ 시 10:1–18
6 ❤ 시 11:1–7
7 ❤ 시 12:1–8

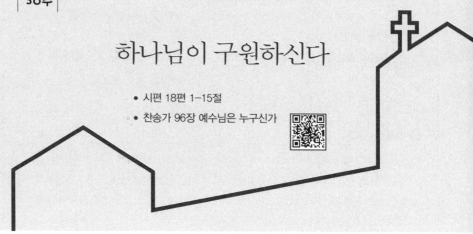

하나님이 구원하신다

- 시편 18편 1-15절
- 찬송가 96장 예수님은 누구신가

시편 18편 1-15절

1 나의 힘이신 여호와여 내가 주를 사랑하나이다

2 여호와는 나의 반석이시요 나의 요새시요 나를 건지시는 이시요 나의 하나님이시요 내가 그 안에 피할 나의 바위시요 나의 방패시요 나의 구원의 뿔이시요 나의 산성이시 로다

3 내가 찬송 받으실 여호와께 아뢰리니 내 원수들에게서 구원을 얻으리로다

4 사망의 줄이 나를 얽고 불의의 창수가 나를 두렵게 하였으며

5 스올의 줄이 나를 두르고 사망의 올무가 내게 이르렀도다

6 내가 환난 중에서 여호와께 아뢰며 나의 하나님께 부르짖었더니 그가 그의 성전에서 내 소리를 들으심이여 그의 앞에서 나의 부르짖음이 그의 귀에 들렸도다

7 이에 땅이 진동하고 산들의 터도 요동하였으니 그의 진노로 말미암음이로다

8 그의 코에서 연기가 오르고 입에서 불이 나와 사름이여 그 불에 숯이 피었도다

9 그가 또 하늘을 드리우시고 강림하시니 그의 발 아래는 어두캄캄하도다

10 그룹을 타고 다니심이여 바람 날개를 타고 높이 솟아오르셨도다

11 그가 흑암을 그의 숨는 곳으로 삼으사 장막같이 자기를 두르게 하심이여 곧 물의 흑 암과 공중의 빽빽한 구름으로 그리하시도다

12 그 앞에 광채로 말미암아 빽빽한 구름이 지나며 우박과 숯불이 내리도다

13 여호와께서 하늘에서 우렛소리를 내시고 지존하신 이가 음성을 내시며 우박과 숯불을 내리시도다

14 그의 화살을 날려 그들을 흩으심이여 많은 번개로 그들을 깨뜨리셨도다

15 이럴 때에 여호와의 꾸지람과 콧김으로 말미암아 물 밑이 드러나고 세상의 터가 나타났도다

엄마와 함께 놀이터에서 놀고 있는 아이는 안전합니다. 엄마가 아이를 지켜보고 있기 때문입니다. 엄마는 아이가 부르면 언제든 달려갈 준비가 되어 있습니다. 아이가 혼자 할 수 없는 일을 만났을 때 엄마를 부르면 엄마는 아이에게 달려가 도움을 줄 수 있습니다. 마찬가지로 하나님은 우리를 눈동자처럼 지켜 주십니다. 부모는 잠시 한눈을 팔 수도 있고 능력이 안 되어 못 도와줄 수도 있지만 하나님은 그렇지 않습니다. 하나님은 하나님의 이름을 부르는 모든 사람을 도와주십니다. 다윗은 언제 하나님을 불렀습니까? 다윗이 부르짖었을 때 하나님은 어떻게 하셨습니까?

🌱하나님은 나의 하나님이시다

하나님을 우리의 하나님, 공동체의 하나님으로 고백하는 것도 중요하지만 먼저는 나의 하나님으로 경험해야 합니다. 하나님이 나에게 어떤 분이신지에 대한 진실한 고백이 있어야 합니다. 다윗은 하나님을 나의 하나님으로 고백합니다. 다윗이 이스라엘의 왕이 되는 과정은 결코 순탄하지 않았습니다. 왕이 되어서도 파란만장한 삶을 살아야 했습니다. 그때마다 다윗이 할 수 있는 일은 하나님을 의지하는 것밖에 없었습니다. 다윗의 인생 가운데 고통이 끊이지 않았으나 그가 하나님을 찾을 때 구원의 은혜 역시 끊이지 않았습니다. 다윗은 하나님을 나의 힘, 나의 반석, 나의 요새, 나를

건지는 이라고 고백합니다. 이 고백은 진실된 고백입니다. 하나님은 나에게 어떤 분입니까? 우리도 하나님과 친밀한 교제를 누려야 합니다.

하나님은 부르짖는 자에게 응답하신다

다윗은 사망의 줄에 매여 있었습니다. 죽음의 물살이 덮치는 상황이었습니다(4절). 스올의 줄이 다윗을 둘러 죽음의 덫에 놓았습니다(5절). 다윗은 죽음의 위협에 시달렸고 그가 당한 환난은 그의 목을 옥죄었습니다. 죽이려고 달려드는 원수의 위협 앞에서 다윗은 두렵고 불안했습니다. 고난의 파도가 턱밑까지 차올라 숨을 쉴 수도 없었습니다. 이때 다윗이 할 수 있는 일은 딱 하나밖에 없었습니다. 바로 기도입니다(6절). 그리고 그것 하나면 하나님의 도우심을 받게 됩니다. 절망에서 희망으로 이끄는 것은 기도밖에 없습니다. 우리가 절망 가운데 기도할 때 하나님은 우리의 기도를 들으시고 우리를 희망으로 인도해 주십니다. 기도는 최후의 수단이 아니라 최초의 수단이어야 합니다.

하나님은 구원자이십니다. 하나님은 화살을 날려 원수를 흩으십니다. 많은 번개를 보내 그들을 깨뜨리십니다(14절). 하나님의 권능과 전능하심이 원수를 떨게 만듭니다. 하나님은 의인을 치러 올라온 원수를 한 길로 왔다가 일곱 길로 도망하게 만드십니다(신 28:7). 구원의 하나님을 나의 하나님으로 확신하는 가정이 되길 바랍니다.

❸ 나눔

1. 나의 하나님은 어떤 분인가요? 가족에게 나의 하나님을 소개해 보세요.
2. 절망의 순간에 기도하여 소망을 발견한 경험이 있다면 가족과 나눠 보세요.

❸ 기도

하나님, 아무것도 할 수 없는 순간을 맞이할 때 손을 놓고 있는 것이 아니라 손을 모아 기도하게 해주세요. 다리가 떨리는 순간에 무릎을 꿇어 구원의 하나님을 찾는 가정이 되게 해주세요. 우리를 구원하신 예수님의 이름으로 기도합니다. 아멘.

❸ 이번 주 우리 가족 미션

❸ 한 주의 생명 양식

1 ♥ 시 13:1-6
2 ♥ 시 14:1-7
3 ♥ 시 15:1-5
4 ♥ 시 16:1-11
5 ♥ 시 17:1-15
6 ♥ 시 18:1-15
7 ♥ 시 18:16-29

하나님이 인도하신다

- 시편 23편 1-6절
- 찬송가 370장 주 안에 있는 나에게

시편 23편 1-6절

1 여호와는 나의 목자시니 내게 부족함이 없으리로다

2 그가 나를 푸른 풀밭에 누이시며 쉴 만한 물 가로 인도하시는도다

3 내 영혼을 소생시키시고 자기 이름을 위하여 의의 길로 인도하시는도다

4 내가 사망의 음침한 골짜기로 다닐지라도 해를 두려워하지 않을 것은 주께서 나와 함께 하심이라 주의 지팡이와 막대기가 나를 안위하시나이다

5 주께서 내 원수의 목전에서 내게 상을 차려 주시고 기름을 내 머리에 부으셨으니 내 잔이 넘치나이다

6 내 평생에 선하심과 인자하심이 반드시 나를 따르리니 내가 여호와의 집에 영원히 살리로다

성경은 하나님과 우리를 목자와 양의 관계로 비유합니다. 양은 목자에게 절대적으로 의존합니다. 목자가 없으면 생존이 불가능합니다. 혼자 길을 찾지 못할 정도로 방향감각이 없습니다. 맹수로부터 자신을 보호할 어

떠한 무기도 없습니다. 또한 쉽게 더러움에 오염됩니다. 이사야 선지자는 "우리는 다 양 같다"고 말합니다(사 53:6). 우리는 양처럼 무력한 존재입니다. 혼자서는 살 수 없을 정도로 무력합니다. 우리에게는 하나님이 필요합니다. 목자이신 하나님은 우리를 어떻게 인도하십니까?

하나님의 인도에는 부족함이 없다

다윗은 목동 출신으로서 양과 목동의 관계를 누구보다 잘 알고 있습니다. 다윗에게 하나님은 광야 가운데 푸른 초장으로 인도하시는 목자입니다. 하나님은 푸른 풀밭과 쉴 만한 물가로 인도하십니다(2절). 하나님은 생명의 길로 인도하십니다(3절). 하나님은 양인 우리가 살아가는 땅에 대해서 잘 알고 계십니다. 끝이 보이지 않는 미로 같은 인생에서 헤쳐 나갈 길을 알고 계십니다. 이스라엘 백성은 길이 없는 광야에서 40년 동안 걸었지만 한 번도 길을 잃은 적이 없습니다. 하나님의 인도함을 받으면 길을 잃을 염려가 없습니다. 하나님과 함께하면 사망의 음침한 골짜기를 다닐지라도 해를 두려워하지 않습니다(4절). 선한 목자를 잘 따라다니는 착한 양이 되길 바랍니다.

하나님이 우리의 내일이다

티베트 속담 중에 "걱정해서 걱정이 없어진다면 걱정이 없겠다"는 말이 있습니다. 결국 걱정하지 말라는 말인데 어떻게 하면 걱정을 하지 않을지가 걱정입니다. 모든 걱정은 미래를 향하고 있습니다. 걱정하고 있는 그 일이 미래에 어떻게 될지 몰라 걱정하는 것입니다. 우리는 미래를 모르나 걱정하지 않을 수 있습니다. 미래를 만드시는 하나님을 따르면 됩니다. 하나님이 우리의 내일이 되십니다. 원수 앞에 있을지라도 걱정하거나 두려워할 필요가 없습니다. 하나님은 원수의 목전에서 승리의 잔칫상을 차려 주실 수 있는 능력의 하나님입니다. 결국에는 여호와의 집에서 영원히 살게 될 것입니다(6절). 걷는 길이 험할지라도 그 끝에는 집이 있습니다. 목자 되신 하나님이 이끄시는 대로 순종하는 양이 되어야 합니다.

모세는 광야 40년을 회고하면서 "주께서 사십 년 동안 너희를 광야에서 인도하게 하셨거니와 너희 몸의 옷이 낡아지지 아니하였고 너희 발의 신이 해어지지 아니하였으며"(신 29:5)라고 고백했습니다. 하나님의 선하심과 인자하심이 있었다는 것입니다(6절). 목자 되신 하나님이 우리 가정을 이끌고 계십니다. 기쁜 마음으로 목자를 따라가는 가정이 되기를 축복합니다.

❸ 나눔

1. 나를 동물로 표현한다면 어떤 동물일 것 같은지, 그 이유는 무엇인지 가족과 나눠 보세요.
2. 지금 무엇을 걱정하고 있는지 가족과 나눠 보고 하나님께 기도해 보세요.

❸ 기도

선한 목자 되시는 하나님, 우리 가정을 푸른 초장으로 인도해 주셔서 감사합니다. 어둠이 짙게 깔려 길이 보이지 않고, 가는 길이 험하여도 목자 되신 하나님만 바라보고 따라가는 가정이 되게 해주세요. 목자 되신 예수님의 이름으로 기도합니다. 아멘.

❸ 이번 주 우리 가족 미션

❸ 한 주의 생명 양식

1 ♥ 시 18:30–50
2 ♥ 시 19:1–14
3 ♥ 시 20:1–9
4 ♥ 시 21:1–13
5 ♥ 시 22:1–21
6 ♥ 시 22:22–31
7 ♥ 시 23:1–6

그리스도인에게 두려움이 없는 이유

- 시편 27편 1-14절
- 찬송가 380장 나의 생명 되신 주

시편 27편 1-14절

1 여호와는 나의 빛이요 나의 구원이시니 내가 누구를 두려워하리요 여호와는 내 생명의 능력이시니 내가 누구를 무서워하리요

2 악인들이 내 살을 먹으려고 내게로 왔으나 나의 대적들, 나의 원수들인 그들은 실족하여 넘어졌도다

3 군대가 나를 대적하여 진 칠지라도 내 마음이 두렵지 아니하며 전쟁이 일어나 나를 치려 할지라도 나는 여전히 태연하리로다

4 내가 여호와께 바라는 한 가지 일 그것을 구하리니 곧 내가 내 평생에 여호와의 집에 살면서 여호와의 아름다움을 바라보며 그의 성전에서 사모하는 그것이라

5 여호와께서 환난 날에 나를 그의 초막 속에 비밀히 지키시고 그의 장막 은밀한 곳에 나를 숨기시며 높은 바위 위에 두시리로다

6 이제 내 머리가 나를 둘러싼 내 원수 위에 들리리니 내가 그의 장막에서 즐거운 제사를 드리겠고 노래하며 여호와를 찬송하리로다

7 여호와여 내가 소리 내어 부르짖을 때에 들으시고 또한 나를 긍휼히 여기사 응답하소서

8 너희는 내 얼굴을 찾으라 하실 때에 내가 마음으로 주께 말하되 여호와여 내가 주의 얼굴을 찾으리이다 하였나이다

9 주의 얼굴을 내게서 숨기지 마시고 주의 종을 노하여 버리지 마소서 주는 나의 도움이 되셨나이다 나의 구원의 하나님이시여 나를 버리지 마시고 떠나지 마소서
10 내 부모는 나를 버렸으나 여호와는 나를 영접하시리이다
11 여호와여 주의 도를 내게 가르치시고 내 원수를 생각하셔서 평탄한 길로 나를 인도하소서
12 내 생명을 내 대적에게 맡기지 마소서 위증자와 악을 토하는 자가 일어나 나를 치려 함이니이다
13 내가 산 자들의 땅에서 여호와의 선하심을 보게 될 줄 확실히 믿었도다
14 너는 여호와를 기다릴지어다 강하고 담대하며 여호와를 기다릴지어다

천국에 간 랍비가 하나님의 보좌 앞으로 걸어갔습니다. 그는 많은 인간의 고난 앞에서 하나님이 침묵하신 이유를 물었습니다. "하나님, 저희가 밤낮으로 기도하였으나 주의 백성들은 계속 고난을 당했습니다. 주님께서는 우리의 신음을 들으셨습니다. 우리의 눈물을 보셨습니다. 그런데 주님은 어디에 계셨습니까?" 랍비의 물음에 하나님은 "네가 나를 알아보지 못해 깜짝 놀랐다. 내가 바로 너의 눈물이었다. 내가 너의 신음이었다. 내가 바로 천국을 향한 너의 부르짖음이었다"라고 대답하셨습니다. 하나님은 우리의 구원이십니다. 우리가 하나님의 구원을 찬양할 이유는 이것으로도 충분합니다. 다윗은 인생의 고비마다 구원해 주신 하나님을 찬양했습니다. 그는 하나님의 구원을 어떻게 찬양했습니까?

구원의 하나님만 의지하라

살다 보면 사람이 가장 무섭다는 말을 이해하게 됩니다. 깊은 산속을 홀로 걸어갈 때 사람을 만나면 반가운 것이 아니라 무섭습니다. 늦은 밤 골목을 걸어갈 때도 마찬가지지요. 더군다나 나를 죽이려는 원수가 많을 때

는 더욱 사람이 무섭습니다. 그런데 다윗은 수많은 적들에 둘러싸여 있으면서도 사람을 두려워하지 않았습니다(1절). 하나님이 나의 빛이시고, 나의 구원이고 내 생명의 능력이기 때문에 사람을 두려워하지 않은 것입니다. 하나님을 의지할 때 하나님이 적들을 물리쳐 주십니다. 다윗은 구원의 하나님을 의지하기에 군대가 진을 치는 긴박한 상황에서도 두려움에 사로잡히지 않고 오히려 태연할 수 있었습니다(3절). 세상이 두려운 것은 세상이 강해서가 아니라 하나님에 대한 믿음이 떨어졌기 때문입니다. 구원의 하나님을 의지하면 두려울 것이 없습니다.

❦다윗과 같은 소원을 소유하라

하나님께서 평생에 한 가지 소원을 응답해 주신다면 무엇을 구하겠습니까? 무엇을 구하든지 그 내용을 보면 그 사람이 가장 귀하게 여기는 것이 무엇인지를 알 수 있습니다. 다윗은 위기의 순간에 하나님께 한 가지를 구하고 있습니다. 그것은 "내가 내 평생에 여호와의 집에 살면서 여호와의 아름다움을 바라보며 그의 성전에서 사모하는 그것"(4절)입니다. 다윗은 진정한 예배자였습니다. 위기의 순간에도 그의 마음은 성전에 있었습니다. 다윗에게 성전은 하나님을 예배하는 공간이자 가장 안전한 피난처였습니다. 다윗에게 가장 두려운 것은 하나님이 자신의 얼굴을 숨기고 다윗을 버리시는 것이었습니다(9절). 다윗이 하나님께 구한 그 한 가지 소원을 우리 가정도 원합니까?

다윗은 "내 부모는 나를 버렸으나 여호와는 나를 영접하신다"(10절)고 고백합니다. 인간의 사랑 가운데 부모의 사랑이 가장 클 것인데, 다윗은 하나님에게서 부모의 사랑보다 더 큰 사랑을 발견합니다. 하나님만이 우리 가정의 진정한 구원자가 되십니다.

❸ 나눔

1. 평생에 한 가지 소원만 응답된다면 무엇을 구하겠습니까?
2. 다윗이 가장 두려워하는 것은 하나님의 얼굴이 보이지 않는 것입니다. 나의 가장 큰 두려움은 무엇인지 가족과 나눠 보세요.

❸ 기도

우리 가정을 구원해 주신 하나님 감사합니다. 우리 가정이 이 땅에서 사람을 두려워하지 않고 하나님을 경외하는 가정이 되길 원합니다. 성전에서 하나님을 예배하기를 기뻐하는 가정이 되게 해주세요. 사랑하는 예수님의 이름으로 기도합니다. 아멘.

❸ 이번 주 우리 가족 미션

❸ 한 주의 생명 양식

1 ❤ 시 24:1-10
2 ❤ 시 25:1-11
3 ❤ 시 25:12-22
4 ❤ 시 26:1-12
5 ❤ 시 27:1-14
6 ❤ 시 28:1-9
7 ❤ 시 29:1-11

환난 중에도
하나님을 찬양하라

- 시편 34편 1-22절
- 찬송가 338장 내 주를 가까이 하게 함은

시편 34편 1-22절

1 내가 여호와를 항상 송축함이여 내 입술로 항상 주를 찬양하리이다

2 내 영혼이 여호와를 자랑하리니 곤고한 자들이 이를 듣고 기뻐하리로다

3 나와 함께 여호와를 광대하시다 하며 함께 그의 이름을 높이세

4 내가 여호와께 간구하매 내게 응답하시고 내 모든 두려움에서 나를 건지셨도다

5 그들이 주를 앙망하고 광채를 내었으니 그들의 얼굴은 부끄럽지 아니하리로다

6 이 곤고한 자가 부르짖으매 여호와께서 들으시고 그의 모든 환난에서 구원하셨도다

7 여호와의 천사가 주를 경외하는 자를 둘러 진 치고 그들을 건지시는도다

8 너희는 여호와의 선하심을 맛보아 알지어다 그에게 피하는 자는 복이 있도다

9 너희 성도들아 여호와를 경외하라 그를 경외하는 자에게는 부족함이 없도다

10 젊은 사자는 궁핍하여 주릴지라도 여호와를 찾는 자는 모든 좋은 것에 부족함이 없으리로다

11 너희 자녀들아 와서 내 말을 들으라 내가 여호와를 경외하는 법을 너희에게 가르치리로다

12 생명을 사모하고 연수를 사랑하여 복 받기를 원하는 사람이 누구뇨

13 네 혀를 악에서 금하며 네 입술을 거짓말에서 금할지어다

¹⁴ 악을 버리고 선을 행하며 화평을 찾아 따를지어다
¹⁵ 여호와의 눈은 의인을 향하시고 그의 귀는 그들의 부르짖음에 기울이시는도다
¹⁶ 여호와의 얼굴은 악을 행하는 자를 향하사 그들의 자취를 땅에서 끊으려 하시는도다
¹⁷ 의인이 부르짖으매 여호와께서 들으시고 그들의 모든 환난에서 건지셨도다
¹⁸ 여호와는 마음이 상한 자를 가까이 하시고 충심으로 통회하는 자를 구원하시는도다
¹⁹ 의인은 고난이 많으나 여호와께서 그의 모든 고난에서 건지시는도다
²⁰ 그의 모든 뼈를 보호하심이여 그 중에서 하나도 꺾이지 아니하도다
²¹ 악이 악인을 죽일 것이라 의인을 미워하는 자는 벌을 받으리로다
²² 여호와께서 그의 종들의 영혼을 속량하시나니 그에게 피하는 자는 다 벌을 받지 아니하리로다

다윗은 계속해서 사울을 피해 도망치고 있습니다. 이스라엘에서는 더이상 숨을 곳이 없게 되자 다윗은 블레셋 왕 아기스에게까지 도망을 갔습니다. 살기 위해 적국에까지 간 것입니다. 어쩔 수 없는 선택이었지만 블레셋 역시 안전한 곳은 아니었습니다. 그곳에서 미친 척까지 하며 위기를 모면해야 했습니다. 얼마나 비참한 상황입니까? 더 이상 내려갈 곳도 없을만큼 비참한 상황에서 다윗은 놀랍게도 하나님의 은혜를 찬양합니다.

🌱 어떤 상황에서도 주께서 보호해 주신다

다윗은 살기 위해 어쩔 수 없이 미친 척을 했습니다. 다윗이 평소에 연기를 잘했는지는 모르지만 그가 아기스의 손에서 구사일생할 수 있었던 것은 그의 연기력 때문이 아니었습니다. 광대하신 하나님이 다윗을 구원해 주셨기 때문입니다. 다윗은 두 번 반복해서 하나님께 부르짖었다고 합니다. 그리고 그때마다 하나님은 응답해 주셨습니다(4, 6절). 하나님은 그의 천사를 보내셔서 주를 경외하는 자를 둘러 진치고 보호해 주십니다(7

절). 다윗의 이런 경험은 피상적인 경험이 아니라 맛보아 아는 은혜였습니다(8절). 상황이 곤고하더라도 하나님의 선하심을 믿고 간구하기 바랍니다. 하나님은 간구하는 자를 곤고한 중에서 건져 주시고 하나님의 선하심을 맛보아 알게 해주십니다.

하나님을 경외하는 자에게 부족함이 없다

하나님과 친밀하면 친밀할수록, 하나님을 알아 가면 알아 갈수록 우리는 하나님을 경외하게 됩니다. 하나님의 위대하심과 사랑과 능력과 은혜를 측량할 수 없기에 경외하게 됩니다. 다윗은 하나님을 경외하는 자가 얻는 은혜를 맛보아 안 사람입니다. 그래서 하나님을 경외하는 자는 부족함이 없다(9절)고 선언합니다. 다윗은 다음 세대에 하나님을 경외하는 법을 가르쳐 주길 원했습니다(11절). 젊은 사자는 모든 상태가 최전성기에 이른 사자입니다(10절). 못할 게 없고, 겁이 없고 원하는 것은 반드시 얻고야 맙니다. 그런 젊은 사자도 궁핍이 있을 수 있으나 여호와를 찾는 자는 부족함이 없습니다. 하나님을 경외하는 법을 날마다 배우는 가정이 되길 바랍니다.

인생의 위기를 겪다 보면 인생에서 정말 중요한 것이 무엇인지를 배우게 됩니다. 환난 이전에 꽉 쥐고 있던 것을 환난 후에는 느슨하게 쥐게 됩니다. 더욱 중요한 것을 발견했기 때문입니다. 하나님의 은혜를 맛보아 알아야 합니다. 하나님을 경외해야 합니다. 그런 가정이 되기를 축복합니다.

ⓒ 나눔

1. 하나님의 은혜를 맛보아 안 것처럼 생생하게 경험한 것이 있다면 그 내용을 가족과 나눠 보세요.
2. 하나님을 더욱 경외하기 위해서 어떻게 해야 할까요? 가족들과 나눠 보세요.

ⓒ 기도

하나님, 우리 가정이 하나님으로 부요한 가정이 되길 원합니다. 하나님의 눈과 귀가 항상 우리 가정을 향하시도록 하나님을 구하는 가정이 되게 해주세요. 예수님의 이름으로 기도합니다. 아멘.

ⓒ 이번 주 우리 가족 미션

ⓒ 한 주의 생명 양식

1 ♥ 시 30:1-12
2 ♥ 시 31:1-24
3 ♥ 시 32:1-11
4 ♥ 시 33:1-22
5 ♥ 시 34:1-22
6 ♥ 시 35:1-18
7 ♥ 시 35:19-28

불평은 악을 만들 뿐이다

- 시편 37편 1-20절
- 찬송가 383장 눈을 들어 산을 보니

시편 37편 1-20절

1 악을 행하는 자들 때문에 불평하지 말며 불의를 행하는 자들을 시기하지 말지어다

2 그들은 풀과 같이 속히 베임을 당할 것이며 푸른 채소같이 쇠잔할 것임이로다

3 여호와를 의뢰하고 선을 행하라 땅에 머무는 동안 그의 성실을 먹을 거리로 삼을지어다

4 또 여호와를 기뻐하라 그가 네 마음의 소원을 네게 이루어 주시리로다

5 네 길을 여호와께 맡기라 그를 의지하면 그가 이루시고

6 네 의를 빛같이 나타내시며 네 공의를 정오의 빛같이 하시리로다

7 여호와 앞에 잠잠하고 참고 기다리라 자기 길이 형통하며 악한 꾀를 이루는 자 때문에 불평하지 말지어다

8 분을 그치고 노를 버리며 불평하지 말라 오히려 악을 만들 뿐이라

9 진실로 악을 행하는 자들은 끊어질 것이나 여호와를 소망하는 자들은 땅을 차지하리로다

10 잠시 후에는 악인이 없어지리니 네가 그 곳을 자세히 살필지라도 없으리로다

11 그러나 온유한 자들은 땅을 차지하며 풍성한 화평으로 즐거워하리로다

12 악인이 의인 치기를 꾀하고 그를 향하여 그의 이를 가는도다

13 그러나 주께서 그를 비웃으시리니 그의 날이 다가옴을 보심이로다

14 악인이 칼을 빼고 활을 당겨 가난하고 궁핍한 자를 엎드러뜨리며 행위가 정직한 자를 죽이고자 하나

15 그들의 칼은 오히려 그들의 양심을 찌르고 그들의 활은 부러지리로다

16 의인의 적은 소유가 악인의 풍부함보다 낫도다

17 악인의 팔은 부러지나 의인은 여호와께서 붙드시는도다

18 여호와께서 온전한 자의 날을 아시나니 그들의 기업은 영원하리로다

19 그들은 환난 때에 부끄러움을 당하지 아니하며 기근의 날에도 풍족할 것이나

20 악인들은 멸망하고 여호와의 원수들은 어린 양의 기름같이 타서 연기가 되어 없어지리로다

자신의 부정적인 감정을 환기하기 위해 주먹으로 베개나 다른 물건을 내리치는 것이 효과가 있는가에 대한 연구가 있었습니다. 이 연구 결과에 따르면, 주먹으로 베개를 내리치는 것이 부정적인 감정을 감소시켜 주기보다 오히려 증폭시킨다고 합니다. 불평이 불평을 낳고 감사가 감사를 낳습니다. 불만족한 상황을 계속 이어 가고 싶다면 불평하십시오. 하지만 그것을 멈추고 상황을 역전하고 싶다면 더 이상 불평하지 말고 다윗처럼 행하기 바랍니다.

불평하지 말고 여호와께 길을 맡기라

성실하고 정직한 사람이 성공하는 것은 당연하며 축하받아 마땅합니다. 그러나 악한 사람이 나보다 잘되는 것 같을 때는 불평이 나옵니다. 불공평하게 느껴지고 하나님께 섭섭한 마음이 듭니다. 하지만 영원할 것 같은 악한 자들의 성공은 풀처럼 빨리 시들고, 푸른 채소가 시간이 지나며 쇠잔하는 것처럼 없어집니다(2절). 억울함으로 따지자면 다윗만 한 사람이 없습니다. 다윗은 잘못한 일도 없이 평생 고통을 겪어야 했습니다. 악한 자들

의 세상에서 고통을 식물 삼아 살아야 했습니다. 하지만 다윗은 그 때문에 절대 악해지지 않았습니다. 도리어 하나님을 의뢰하고 선을 행하며 여호와를 기뻐했습니다. 자신의 길을 여호와께 맡겼습니다. 여호와께 맡긴 삶이 가장 행복한 삶입니다.

✦불평 대신 잠잠하고 기다리라

불평이 올라올 때 가장 먼저 해야 할 일은 입을 닫는 것입니다. 불평은 전염성이 강하여 한번 내뱉기 시작하면 멈출 수가 없습니다. 다윗은 여호와 앞에 잠잠하고 참고 기다리라(7절)고 합니다. '여호와 앞에서' 말입니다. 잠잠할 수 있는 이유는 하나님의 계획과 능력을 믿기 때문입니다. 악인이 아무리 꾀를 내어도 하나님이 그들을 비웃으십니다(13절). 악인들의 행위가 그들에게 잠깐의 유익을 주는 것처럼 보이지만 사실은 마지막 날에 심판의 항목들만 더할 뿐입니다. 하나님을 믿는다면 잠잠히 기다릴 수 있습니다. 부모에 대한 신뢰가 깊은 자녀는 부모에게 떼를 쓰기보다는 잠잠히 기다립니다. 부모를 신뢰하기 때문입니다. 하나님을 더욱 신뢰하는 가정이 되길 바랍니다.

악인은 결국 연기처럼 형체도 없이 사라질 것입니다(20절). 악인의 형통에 대해서 불평하거나 시기하지 말기 바랍니다. 여호와께 길을 맡긴 가정은 반드시 형통할 것입니다. 불평으로는 우리의 삶을 더 좋아지게 할 수 없습니다. 하나님을 신뢰함으로 잠잠히 하나님이 하실 일들을 기대하는 가정이 되길 바랍니다.

1. 최근에 누군가를 시기한 적이 있나요? 무엇 때문에 시기했는지 가족과 나눠 보세요.
2. 어떻게 하면 불평과 불만을 멈출 수 있을까요? 나만의 비법이 있다면 가족과 나눠 보세요.

🔇 기도

하나님, 우리 가정이 악인의 형통함을 시기하는 것이 아니라 의인의 성실함을 부러워하는 가정이 되길 원합니다. 하나님께 우리 가정의 길을 맡기고 잠잠히 기다립니다. 인도하여 주세요. 인도하실 예수님의 이름으로 기도합니다. 아멘.

🔇 이번 주 우리 가족 미션

🔇 한 주의 생명 양식

1 ♥ 시 36:1-12
2 ♥ 시 37:1-20
3 ♥ 시 37:21-40
4 ♥ 시 38:1-12
5 ♥ 시 39:1-13
6 ♥ 시 40:1-17
7 ♥ 시 41:1-13

여전히 찬송하리로다

- 시편 42편 1-11절
- 찬송가 292장 주 없이 살 수 없네

시편 42편 1-11절

1 하나님이여 사슴이 시냇물을 찾기에 갈급함같이 내 영혼이 주를 찾기에 갈급하니이다

2 내 영혼이 하나님 곧 살아 계시는 하나님을 갈망하나니 내가 어느 때에 나아가서 하나님의 얼굴을 뵈올까

3 사람들이 종일 내게 하는 말이 네 하나님이 어디 있느뇨 하오니 내 눈물이 주야로 내 음식이 되었도다

4 내가 전에 성일을 지키는 무리와 동행하여 기쁨과 감사의 소리를 내며 그들을 하나님의 집으로 인도하였더니 이제 이 일을 기억하고 내 마음이 상하는도다

5 내 영혼아 네가 어찌하여 낙심하며 어찌하여 내 속에서 불안해 하는가 너는 하나님께 소망을 두라 그가 나타나 도우심으로 말미암아 내가 여전히 찬송하리로다

6 내 하나님이여 내 영혼이 내 속에서 낙심이 되므로 내가 요단 땅과 헤르몬과 미살 산에서 주를 기억하나이다

7 주의 폭포 소리에 깊은 바다가 서로 부르며 주의 모든 파도와 물결이 나를 휩쓸었나이다

8 낮에는 여호와께서 그의 인자하심을 베푸시고 밤에는 그의 찬송이 내게 있어 생명의 하나님께 기도하리로다

⁹ 내 반석이신 하나님께 말하기를 어찌하여 나를 잊으셨나이까 내가 어찌하여 원수의 압제로 말미암아 슬프게 다니나이까 하리로다

¹⁰ 내 뼈를 찌르는 칼같이 내 대적이 나를 비방하여 늘 내게 말하기를 네 하나님이 어디 있느냐 하도다

¹¹ 내 영혼아 네가 어찌하여 낙심하며 어찌하여 내 속에서 불안해 하는가 너는 하나님 께 소망을 두라 나는 그가 나타나 도우심으로 말미암아 내 하나님을 여전히 찬송하리 로다

좋은 일이 있으면 나도 모르게 입에서 찬양이 흘러나옵니다. 무의식중에 찬양이 내 속에서 넘쳐 나오는 것입니다. 하지만 삶에서 찬양을 부를 일보다 부르지 못할 상황이 더 많습니다. 나도 모르게 땅이 꺼질 듯 한숨을 내쉬게 됩니다. 오늘 본문의 시인 역시 그런 상황을 맞았습니다. 그런데 놀랍게도 시인은 "내가 여전히 찬송하리로다"(5b, 11b절)라며 의지를 세우고 찬양을 멈추지 않고 있습니다. 지금 시인은 어떤 상황에서 찬양하고 있는 것입니까?

🌱 고통 중에도 찬양하라

시인은 지금 엄청난 고통 속에 있습니다. 소망이 끊어지고 원수로부터 압제를 당하며 사람들의 조롱을 받고 있습니다. 지금 시인은 타오르는 갈증으로 시냇물을 찾기 위해 뛰어다니는 사슴처럼 하나님을 찾고 있습니다. 살다 보면 수많은 고통을 만납니다. 고통이란 손님은 기대하지 않은 때 불쑥 찾아옵니다. 언제 떠날지 기약도 없습니다. 이런 때 입술에서 새어 나오는 것은 한숨입니다. 그런데 시인은 고통 중에도 찬양합니다. 고통이 가져온 하나님의 은혜를 알기 때문입니다. 키가 큰 나무의 우듬지까지 물을 공급하는 것은 삼투압의 원리만으로는 설명되지 않습니다. 물을 끌

어울리기 위해서는 바람을 이용해야 합니다. 나무의 흔들림이 물을 펌프질하는 것입니다. 흔들림은 싫지만 그 때문에 제일 꼭대기에 있는 가지까지 물이 공급됩니다. 고통은 힘들지만 여전히 찬양할 수 있습니다.

낙심 중에도 찬양하라

"긴병에 효자 없다"고 합니다. 고통이 오래면 낙심이 됩니다. 고통이 물러설 줄 모르고 도리어 겹겹이 에워쌀 때 우리는 '도대체 하나님의 때는 언제인가?', '얼마나 더 기다려야 하나?' 하며 낙심하게 됩니다. 낙심이 오래면 하나님 외에 다른 곳으로 눈길이 가기도 합니다. 예레미야 선지자는 이스라엘의 죄를 생수의 근원 되시는 하나님을 버리고 스스로 웅덩이를 판 것이라고 말합니다(렘 2:13). 그러나 그 웅덩이는 물을 가두지 못하는 터진 웅덩이였습니다. 하나님 외에 다른 것으로는 우리의 문제를 해결할 수 없습니다. 시인은 이를 알기에 낙심 중에도 여전히 하나님을 찬양하겠다고 합니다. 하나님 외에 다른 도움이 없기 때문입니다. 낙심은 지치게 만들지만 그럼에도 우리는 여전히 찬양할 수 있습니다.

살다 보면 끝이 없는 사막을 걷는 것처럼 막막하고 홀로 던져진 것처럼 서러울 때가 있습니다. 눈물이 음식이 되고 한숨이 언어가 되는 때입니다. 이때 우리는 시인처럼 우리 영혼에게 명령해야 합니다. "내 영혼아 네가 어찌하여 낙심하며 어찌하여 내 속에서 불안해하는가 너는 하나님께 소망을 두라 그가 나타나 도우심으로 말미암아 내가 여전히 찬송하리로다"(5절). 여전히 찬송하는 가정이 되길 축복합니다.

🔇 나눔

1. 최근에 낙심되고 힘들었던 때가 있나요? 무엇 때문에 힘들었는지 가족과 나눠 보세요.
2. 다음 문장을 완성해 보세요. "나는 _____에도 불구하고 여전히 찬송하겠습니다!"

🔇 기도

하나님, 우리 가정이 어떤 순간에도 여전히 찬양하는 가정이 되길 원합니다. 사슴이 시냇물을 찾는 갈급함보다 더 큰 갈급함으로 하나님만을 찬양하는 가정이 되게 해주세요. 찬양의 이유 되시는 예수님의 이름으로 기도합니다. 아멘.

🔇 이번 주 우리 가족 미션

🔇 한 주의 생명 양식

1 ♥ 시 42:1-11
2 ♥ 시 43:1-5
3 ♥ 시 44:1-8
4 ♥ 시 44:9-26
5 ♥ 시 45:1-17
6 ♥ 시 46:1-11
7 ♥ 시 47:1-9

예수를 닮다

- 데살로니가전서 1장 1-10절
- 찬송가 212장 겸손히 주를 섬길 때

데살로니가전서 1장 1-10절

1 바울과 실루아노와 디모데는 하나님 아버지와 주 예수 그리스도 안에 있는 데살로니가인의 교회에 편지하노니 은혜와 평강이 너희에게 있을지어다

2 우리가 너희 모두로 말미암아 항상 하나님께 감사하며 기도할 때에 너희를 기억함은

3 너희의 믿음의 역사와 사랑의 수고와 우리 주 예수 그리스도에 대한 소망의 인내를 우리 하나님 아버지 앞에서 끊임없이 기억함이니

4 하나님의 사랑하심을 받은 형제들아 너희를 택하심을 아노라

5 이는 우리 복음이 너희에게 말로만 이른 것이 아니라 또한 능력과 성령과 큰 확신으로 된 것임이라 우리가 너희 가운데서 너희를 위하여 어떤 사람이 된 것은 너희가 아는 바와 같으니라

6 또 너희는 많은 환난 가운데서 성령의 기쁨으로 말씀을 받아 우리와 주를 본받은 자가 되었으니

7 그러므로 너희가 마게도냐와 아가야에 있는 모든 믿는 자의 본이 되었느니라

8 주의 말씀이 너희에게로부터 마게도냐와 아가야에만 들릴 뿐 아니라 하나님을 향하는 너희 믿음의 소문이 각처에 퍼졌으므로 우리는 아무 말도 할 것이 없노라

9 그들이 우리에 대하여 스스로 말하기를 우리가 어떻게 너희 가운데에 들어갔는지와

너희가 어떻게 우상을 버리고 하나님께로 돌아와서 살아 계시고 참되신 하나님을 섬기는지와

10 또 죽은 자들 가운데서 다시 살리신 그의 아들이 하늘로부터 강림하실 것을 너희가 어떻게 기다리는지를 말하니 이는 장래의 노하심에서 우리를 건지시는 예수시니라

나다니엘 호손(Nathaniel Hawthorne)은 『큰 바위 얼굴』이란 소설을 써서 큰 감동을 주었습니다. 남북전쟁 직후 어니스트란 소년은 어머니로부터 바위 언덕에 새겨진 큰 바위 얼굴을 닮은 사람이 나타난다는 전설을 들었습니다. 마을 사람들은 그 사람이 "황금의 손"이라 불리는 부자, "피와 천둥의 군인"이라는 별명을 가진 사람, 말을 잘하는 정치인, 글을 잘 쓰는 시인이라고 추측했습니다. 하지만 그 사람은 바로 어니스트였습니다. 늘 큰 바위 얼굴을 보며 닮고 싶은 마음으로 살았던 어니스트는 자신도 모르는 사이에 큰 바위 얼굴과 닮은 사람이 돼 있었던 것입니다. 닮기를 원한다면 반드시 그처럼 변화될 것입니다. 우리는 예수 닮기를 소망해야 합니다. 그 소망으로 가득하다면 우리 역시 다른 사람의 눈에 작은 예수로 비쳐질 것입니다.

❧세상이 아니라 예수를 담다

예수님을 닮기 위해서는 우리 속에 세상을 담지 않아야 합니다. 우리가 살면서 담게 된 그것을 닮게 되어 있습니다. 데살로니가는 로마와 동방을 잇는 주요 도로가 있어 교통과 상업이 발달한 도시였습니다. 그런 탓에 데살로니가 사람들은 물질주의에 빠져 있었습니다. 또 그리스의 신들이 산다는 올림포스와 가까운 탓에 우상을 섬기는 문화가 만연했습니다. 하지만 데살로니가 교회는 그들 속에 세상을 담지 않았습니다. 그들 속에 믿음

의 역사와 사랑의 수고와 예수 그리스도에 대한 소망의 인내를 담았습니다. 가슴에 무엇을 담느냐에 따라 인생의 모양이 결정됩니다. 예수님을 닮길 원한다면 세상을 담지 않아야 합니다.

작은 예수로 살다

예수를 닮기 위해서는 예수로 살아가야 합니다. 예수님이 사신 것과 같이 살아야 예수를 닮을 수 있습니다. 바울은 예수로 살았습니다. 그 모습이 데살로니가 교회들에게 본이 되었습니다. 데살로니가 사람들은 바울이 복음으로 인해 박해를 받았을 때 보인 반응에 주목했습니다. 그들이 "많은 환난 가운데서 성령의 기쁨으로 말씀을 받아 우리와 주를 본받은 자"(6절)가 된 이유입니다. 그리고 데살로니가 성도들은 결국 마게도냐와 아가야에 있는 모든 믿는 자의 본이 되었습니다(7절). '본'이라는 단어는 '망치로 두들겨 생긴 자국이나 원래의 모양과 같은 흔적을 새겨 넣기 위해 동전을 만들 때 쓰는 음각 틀'을 가리킵니다. 바울은 예수를 본받고, 데살로니가 교회는 바울을 본받고, 마게도냐와 아가야에 있는 사람들은 데살로니가 교회를 본받은 것입니다. 본틀은 예수입니다. 내가 예수로 살아갈 때, 또 누군가가 예수로 살게 됩니다.

자신을 닮은 자녀를 볼 때 부모는 기쁩니다. 마찬가지로 예수를 닮은 사람들을 볼 때 하나님은 기뻐하십니다. 예수를 닮기 위해서는 우리 속에 세상을 담지 않아야 합니다. 그리고 예수로 살아가야 합니다. 예수님을 보여주는 '큰 바위 얼굴'이 되기를 축복합니다.

ⓒ 나눔

1. 내가 닮은 사람은 누구입니까? 얼굴, 신체, 마음까지 누구를 닮았는지 가족과 나눠 보세요.
2. 예수로 살아가는 사람을 알고 있다면 그 사람에 대해서 가족과 나눠 보세요.

ⓒ 기도

하나님, 우리 가정이 예수님을 닮은 가정이 되길 원합니다. 우리 가정이 예수님을 보여 주는 창이 되어 우리 가정을 바라보는 사람들에게 예수님을 소개하는 가정이 되게 해주세요. 우리 가정이 누군가의 본이 되어 예수님을 닮아 가도록 자극하는 가정이 되게 해주세요. 예수님의 이름으로 기도합니다. 아멘.

ⓒ 이번 주 우리 가족 미션

ⓒ 한 주의 생명 양식

1 ♥ 시 48:1-14
2 ♥ 시 49:1-20
3 ♥ 시 50:1-23
4 ♥ 시 51:1-19
5 ♥ 시 52:1-9
6 ♥ 시 53:1-6
7 ♥ 살전 1:1-10

하나님이 우리를 부르신 목적

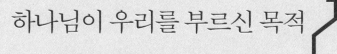

- 데살로니가전서 4장 1-12절
- 찬송가 421장 내가 예수 믿고서

데살로니가전서 4장 1-12절

1 그러므로 형제들아 우리가 끝으로 주 예수 안에서 너희에게 구하고 권면하노니 너희가 마땅히 어떻게 행하며 하나님을 기쁘시게 할 수 있는지를 우리에게 배웠으니 곧 너희가 행하는 바라 더욱 많이 힘쓰라

2 우리가 주 예수로 말미암아 너희에게 무슨 명령으로 준 것을 너희가 아느니라

3 하나님의 뜻은 이것이니 너희의 거룩함이라 곧 음란을 버리고

4 각각 거룩함과 존귀함으로 자기의 아내 대할 줄을 알고

5 하나님을 모르는 이방인과 같이 색욕을 따르지 말고

6 이 일에 분수를 넘어서 형제를 해하지 말라 이는 우리가 너희에게 미리 말하고 증언한 것과 같이 이 모든 일에 주께서 신원하여 주심이라

7 하나님이 우리를 부르심은 부정하게 하심이 아니요 거룩하게 하심이니

8 그러므로 저버리는 자는 사람을 저버림이 아니요 너희에게 그의 성령을 주신 하나님을 저버림이니라

9 형제 사랑에 관하여는 너희에게 쓸 것이 없음은 너희들 자신이 하나님의 가르치심을 받아 서로 사랑함이라

10 너희가 온 마게도냐 모든 형제에 대하여 과연 이것을 행하도다 형제들아 권하노니

더욱 그렇게 행하고

11 또 너희에게 명한 것같이 조용히 자기 일을 하고 너희 손으로 일하기를 힘쓰라

12 이는 외인에 대하여 단정히 행하고 또한 아무 궁핍함이 없게 하려 함이라

"하나님의 나라에는 쓰레기통이 없다"고 합니다. 하나님께서 만든 모든 것이 목적에 따라 쓰임 받기 때문입니다. "모든 것은 두 번 창조된다"는 말도 있습니다. 첫 번째는 그것을 만들기 이전에 설계자의 생각 속에서 창조되고 두 번째는 실제적인 모습으로 창조되는 것입니다. 즉 존재하는 모든 것은 다 목적이 있습니다. 하나님은 우리를 창조하신 뒤 특별한 사명을 위해 부르십니다. 우리를 부르신 하나님의 목적이 무엇입니까?

거룩을 위해 부르심

하나님은 거룩을 위해 우리를 부르십니다. "하나님의 뜻은 이것이니 너희의 거룩함이라"(3절). 우리를 향한 하나님의 뜻은 명료합니다. 거룩입니다. "하나님이 우리를 부르심은 부정하게 하심이 아니요 거룩하게 하심이니"(7절). 데살로니가에는 음란한 성문화가 있었습니다. 이 음란이 우상숭배와 만나 도리어 거룩한 행위로 위장되기까지 했습니다. 하나님은 우리가 세상의 음란한 문화로부터 구별되고 거룩하기를 원하십니다. 음란의 문제는 자신을 넘어 가정과 공동체를 파괴합니다(6절). 각 사람의 직업이 다르고 살아가는 환경이 다를 수 있습니다. 하지만 우리가 이 땅에서 무엇을 하든지 간에 먼저는 거룩해야 합니다. 거룩을 무너뜨리고 하나님의 뜻을 이룰 수 있는 것은 아무것도 없습니다. 하나님은 거룩을 위해서 우리를 부르셨습니다.

사랑을 위해 부르심

한 율법사가 예수님에게 "어느 계명이 가장 큽니까?"라고 질문했을 때 예수님은 사랑이라고 말씀하셨습니다(마 22장). 하나님이 주신 가장 큰 계명은 사랑입니다. 사랑이 온 율법과 선지자의 강령입니다. 데살로니가 교회는 사랑을 잘 실천하는 교회였습니다. "형제 사랑에 관하여는 너희에게 쓸 것이 없음은 너희들 자신이 하나님의 가르치심을 받아 서로 사랑함이라"(9절). 처음부터 잘한 것이 아니라 가르침을 받아 사랑을 발전시켜 나간 것입니다. 처음부터 사랑을 잘하는 사람은 없습니다. 진정한 사랑을 실천하기 위해서는 사랑을 배워야 합니다. 우리가 어디에 있든지, 어떤 상황에 있든지 하나님은 사랑을 실천하기를 원하십니다.

우리는 늘 나를 향한 하나님의 뜻이 무엇인지 궁금해합니다. 하나님께서 나에게 원하시는 것이 무엇일까 고민합니다. 나를 향한 하나님의 계획을 다 알 수는 없지만 가장 확실한 것은 거룩과 사랑을 위해서 우리를 부르셨다는 것입니다. 내가 속한 삶의 현장에서 거룩과 사랑을 실천하고 있다면 하나님의 목적대로 잘 살고 있는 것입니다.

1. 지금 상황에서 보다 거룩하기 위한 계획을 세우고 가족과 나눠 보세요.
2. 주변 사람들을 더 사랑하기 위한 실천 계획을 세우고 가족과 나눠 보세요.

🔄 기도

하나님, 우리 가정이 하나님의 뜻을 행하며, 우리 가정을 향한 하나님의 부르심에 순종하게 해주세요. 음란한 세상 속에서 거룩하게 하시고 분노하는 세상 속에서 사랑을 실천하는 가정이 되게 해주세요. 우리 가정을 부르신 예수님의 이름으로 기도드립니다. 아멘.

🔄 이번 주 우리 가족 미션

🔄 한 주의 생명 양식

1 ♥ 살전 2:1-9
2 ♥ 살전 2:10-16
3 ♥ 살전 2:17-20
4 ♥ 살전 3:1-6
5 ♥ 살전 3:7-13
6 ♥ 살전 4:1-12
7 ♥ 살전 4:13-18

그리스도인이 절대 포기해선 안 되는 것들

- 데살로니가전서 5장 16-22절
- 찬송 210장 시온성과 같은 교회

데살로니가전서 5장 16-22절

16 항상 기뻐하라

17 쉬지 말고 기도하라

18 범사에 감사하라 이것이 그리스도 예수 안에서 너희를 향하신 하나님의 뜻이니라

19 성령을 소멸하지 말며

20 예언을 멸시하지 말고

21 범사에 헤아려 좋은 것을 취하고

22 악은 어떤 모양이라도 버리라

윈스턴 처칠(Winston Churchill)은 제2차 세계 대전 중에 졸업 축사를 부탁받아 옥스퍼드 대학 강단에 섰습니다. 학생들은 큰 기대를 가지고 그의 입을 주목했습니다. 잠시 침묵이 흐른 뒤 윈스턴 처칠은 단 세 마디를 세 번 반복할 뿐이었습니다. "Never give up. Never give up. Never give up!"(절대로 포기하지 마라). 학생들은 우레와 같은 박수를 보냈고, 이 연설

은 세계 명연설 가운데 하나가 되었습니다. 누구나 가슴속에 간직한 가치를 포기하고 싶지 않은 열망이 있습니다. 그것을 지키는 것이 바른 삶입니다. 하나님께서는 우리가 어떤 형편에 있든지 간에 반드시 이것만은 포기하지 않았으면 하시는 것이 있습니다.

기쁨, 기도, 감사를 쉬지 마라

하나님은 우리가 '항상, 쉬지 말고, 범사에' 하기를 원하시는 것이 있습니다. 기쁨과 기도와 감사입니다. 이 세 가지는 성도의 삶에서 절대로 포기해서는 안 되는 것입니다. 기쁨과 기도와 감사는 환경과 조건에 쉽게 영향을 받습니다. 안 좋은 일이 생겼을 때 기뻐하기는 힘듭니다. 기도 응답이 몇 해를 넘어가면 기도를 포기하고 싶습니다. 감사할 일이 없는데 감사하기는 어렵습니다. 하지만 하나님은 우리가 항상, 쉬지 말고, 범사에 이 세 가지를 선택하기를 원하십니다. 인생에서 중요한 것은 일어난 사건보다 사건에 대한 해석입니다. 인생의 방향은 사건 중심이 아니라 해석 중심으로 결정됩니다. 무슨 일을 만나든 기뻐하고 기도하고 감사하다면 하나님의 뜻이 우리 삶 가운데 이루어질 것입니다.

성령 충만하라

성도는 성령 충만을 포기하지 말아야 합니다. 늘 성령의 은혜를 구해야 합니다. 먼저는 성령을 소멸하지 말라고 하십니다. 성령을 소멸한다는 것은 '성령을 꺼 버리지 말라'는 뜻입니다. 성령이 우리 안에서 역사하시는데 그 역사를 억누르고 억제하지 말라는 것입니다. 또 바울은 예언을 멸시하지 말라고 가르칩니다. '예언을 멸시하지 말라'는 것은 '예언을 아무것도 아닌 것으로 여기지 말라'는 뜻입니다. 또한 악은 모양이라도 버리라고 합니다. 성령 충만할 때 악이 우리 안에 들어올 틈이 없습니다. 결국 어떤 상황에서든 우리가 구할 것은 성령 충만입니다. 성령의 역사는 마음을 열어 하나님의 말씀을 받아들이는 사람에게 나타납니다. 하나님이 하시는 모든 말씀은 선하다는 사실을 믿고 취하는 사람에게 나타납니다.

절대로 포기하지 말아야 할 것이 있습니다. 기쁨과 기도와 감사입니다. 또한 성령 충만을 포기하지 말아야 합니다. '복세편살'(복잡한 세상 편하게 살자)을 외치는 세상입니다. 하지만 우리는 편하게 살기 위해 이 땅에 있는 것이 아닙니다. 의도적으로 의지를 다하여 기쁨, 기도, 감사, 성령 충만을 선택하는 가정이 되기를 축복합니다.

🌀 나눔

1. 기쁨, 기도, 감사 중 내가 종종 쉽게 포기하는 것은 무엇입니까?
2. 가족의 성령 충만을 위해 기도하는 시간을 가져 보세요.

🌀 기도

하나님, 우리 가정이 이 땅에서 하나님의 뜻을 이루는 가정이 되길 원합니다. 항상 기뻐하고, 쉬지 말고 기도하며, 범사에 감사하고, 성령 충만을 구하는 가정이 되게 해주세요. 우리 가정의 힘이 되시는 예수님의 이름으로 기도합니다. 아멘.

🌀 이번 주 우리 가족 미션

🌀 한 주의 생명 양식

1 ♥ 살전 5:1-8
2 ♥ 살전 5:9-15
3 ♥ 살전 5:16-22
4 ♥ 살전 5:23-28
5 ♥ 살후 1:1-5
6 ♥ 살후 1:6-12
7 ♥ 살후 2:1-5

재림을 기다리는 성도의 자세

- 데살로니가후서 2장 6-12절
- 찬송가 348장 마귀들과 싸울지라

데살로니가후서 2장 6-12절

⁶ 너희는 지금 그로 하여금 그의 때에 나타나게 하려 하여 막는 것이 있는 것을 아나니

⁷ 불법의 비밀이 이미 활동하였으나 지금은 그것을 막는 자가 있어 그 중에서 옮겨질 때까지 하리라

⁸ 그 때에 불법한 자가 나타나리니 주 예수께서 그 입의 기운으로 그를 죽이시고 강림하여 나타나심으로 폐하시리라

⁹ 악한 자의 나타남은 사탄의 활동을 따라 모든 능력과 표적과 거짓 기적과

¹⁰ 불의의 모든 속임으로 멸망하는 자들에게 있으리니 이는 그들이 진리의 사랑을 받지 아니하여 구원함을 받지 못함이라

¹¹ 이러므로 하나님이 미혹의 역사를 그들에게 보내사 거짓 것을 믿게 하심은

¹² 진리를 믿지 않고 불의를 좋아하는 모든 자들로 하여금 심판을 받게 하려 하심이라

다미선교회(다가올미래선교회)는 1992년 10월 10일 또는 10월 28일에 성도들이 휴거할 것이라고 공표했습니다. 방송국들이 앞다퉈 취재할 정도로

이 휴거설은 세간을 뜨겁게 달군 관심사였습니다. 다미선교회 성도들은 휴거 날을 기다리며 전 재산을 팔아 헌금하기도 했습니다. 이들 중에는 교사나 공무원, 대기업의 임원 등 엘리트들도 많았습니다. 하지만 지금까지 아무 일도 일어나지 않았습니다. 이것은 재림을 기다리는 성도의 자세가 아닙니다. 지금도 여기저기서 마지막 때를 말하는 사람들이 있습니다. 어떻게 재림을 기다려야 할까요?

미혹되지 말고 시대를 분별하라

예수님은 종말의 날에 거짓 선지자가 많이 일어나 많은 사람들을 미혹할 것이라고 말씀하셨습니다(마 24:11). 종말의 날과 시간은 아무도 모릅니다(마 25:13). 데살로니가 교회는 극심한 핍박과 큰 환난을 견디고 있었습니다. 그런데 그들 중에 예수님께서 이미 재림하셨다고 주장하는 사람들이 있었습니다. 주님의 재림을 기다리고 있던 성도들은 큰 혼란에 빠졌습니다(살후 2:1-2). 어렵게 믿음을 지키고 있는 성도들에게 이러한 소문은 믿음을 흔들어 놓기에 충분했습니다. 그래서 일부 성도들은 일하기를 거부했습니다(살후 3:11-12). 속지 말아야 합니다. 예수님은 "보라 그리스도가 여기 있다 혹은 저기 있다 하여도 믿지 말라"(마 24:23)고 경고하셨습니다. 미혹되지 말고 오늘 하루 최선을 다해 믿음으로 살아야 합니다.

진리를 붙잡으라

바울은 종말에 불법한 자가 나타날 것이라고 경고합니다. 불법한 자는 적그리스도입니다. 적그리스도는 모든 능력과 표적과 거짓 기적과 불의의 속임수를 씁니다(9-10절). 그는 이것들을 통해 사람들을 미혹합니다. 그의 능력이 마치 그리스도의 능력처럼 보이기 때문입니다. 그래서 진리의 사랑을 받아들여야 합니다. 사탄의 속임수에 넘어지는 사람들의 특징은 진리의 사랑을 받지 않는다는 것입니다(10b절). 이들은 하나님의 사랑을 거부하고 적그리스도를 따릅니다. 진리를 받아들이는 사람에게는 구원과 영생이 따릅니다. 그러나 거부하는 사람에게는 심판이 있습니다. 교회는 수많은 이단과 거짓 가르침의 도전을 받고 있습니다. 많은 성도들이 이단의 가르침에 혼란스러워합니다. 그러나 때가 이럴수록 교회는 진리의 사랑을 받아들여야 합니다.

우리는 다 예수님의 재림을 기다리고 있습니다. 예수님은 도둑이 예상하지 못한 때 오는 것처럼 갑자기 오실 것입니다. 하지만 당황하지 않아도 됩니다. 이단의 유혹에 미혹되지 않고 날마다 진리를 붙잡고 살아간다면 재림의 날이 언제든지 간에 안전합니다. 진리 안에서 안전하게 생활하는 가정이 되기를 축복합니다.

🔵 나눔

1. 예수님이 내일 오신다고 하면 오늘 어떤 일을 하고 싶은지 가족과 나눠 보세요.
2. 재림의 날에 나는 무엇을 하는 중에 예수님을 만나고 싶은지 가족과 나눠 보세요.

🔵 기도

하나님, 우리 가정이 예수님의 재림을 기쁨으로 기다리는 가정이 되길 원합니다. 예수님을 만날 때 두려워 떠는 가정이 아니라 기쁨과 사랑으로 예수님을 맞이하는 가정이 되게 해주세요. 다시 오실 예수님의 이름으로 기도합니다. 아멘.

🔵 이번 주 우리 가족 미션

🔵 한 주의 생명 양식

1 ♥ 살후 2:6–12
2 ♥ 살후 2:13–17
3 ♥ 살후 3:1–12
4 ♥ 살후 3:13–18
5 ♥ 골 1:1–8
6 ♥ 골 1:9–14
7 ♥ 골 1:15–23

옛사람을 버리고
새사람을 입으라

- 골로새서 3장 1-14절
- 찬송가 304장 그 크신 하나님의 사랑

골로새서 3장 1-14절

1 그러므로 너희가 그리스도와 함께 다시 살리심을 받았으면 위의 것을 찾으라 거기는 그리스도께서 하나님 우편에 앉아 계시느니라

2 위의 것을 생각하고 땅의 것을 생각하지 말라

3 이는 너희가 죽었고 너희 생명이 그리스도와 함께 하나님 안에 감추어졌음이라

4 우리 생명이신 그리스도께서 나타나실 그때에 너희도 그와 함께 영광 중에 나타나리라

5 그러므로 땅에 있는 지체를 죽이라 곧 음란과 부정과 사욕과 악한 정욕과 탐심이니 탐심은 우상 숭배니라

6 이것들로 말미암아 하나님의 진노가 임하느니라

7 너희도 전에 그 가운데 살 때에는 그 가운데서 행하였으나

8 이제는 너희가 이 모든 것을 벗어 버리라 곧 분함과 노여움과 악의와 비방과 너희 입의 부끄러운 말이라

9 너희가 서로 거짓말을 하지 말라 옛사람과 그 행위를 벗어 버리고

10 새 사람을 입었으니 이는 자기를 창조하신 이의 형상을 따라 지식에까지 새롭게 하심을 입은 자니라

11 거기에는 헬라인이나 유대인이나 할례파나 무할례파나 야만인이나 스구디아인이나

종이나 자유인이 차별이 있을 수 없나니 오직 그리스도는 만유시요 만유 안에 계시니라

12 그러므로 너희는 하나님이 택하사 거룩하고 사랑 받는 자처럼 긍휼과 자비와 겸손과 온유와 오래 참음을 옷 입고

13 누가 누구에게 불만이 있거든 서로 용납하여 피차 용서하되 주께서 너희를 용서하신 것같이 너희도 그리하고

14 이 모든 것 위에 사랑을 더하라 이는 온전하게 매는 띠니라

존 돌란(John Dolan)은 십대 때 누나가 자신의 엄마라는 것을 알고 집을 나갔습니다. 그때부터 방황이 시작되었습니다. 더 이상 떨어질 곳이 없을 때 '조지'라는 버림받은 개를 만납니다. 자신과 비슷한 처지인 조지가 안쓰러워 이후로 함께 지냈습니다. 존 돌란은 자신의 곁을 지켜 준 조지를 그리기 시작했습니다. 3년 동안 100여 장을 그렸습니다. 어떤 사람이 전시회를 제안했고 그림으로 1억 300만 원의 수입을 거뒀습니다. 노숙자 존 돌란은 조지를 만나 화가로서 새로운 삶을 살아가고 있습니다. 개 한 마리를 만나 인생이 바뀐 것입니다. 그렇다면 예수님을 만난다면 어떤 일이 벌어질까요? 예수님과 함께 다시 살리심을 받았다면 이후로 삶은 어떠해야 할까요?

♥땅의 것을 버리고 위의 것을 품으라

예수님과 함께 다시 살리심을 받은 사람은 위의 것을 갈망하고 찾는 삶을 살아야 합니다(1절). 이 땅에 대해 죽은 사람이고, 하늘에 대해 산 사람이기 때문입니다. 바울은 옛사람의 습관을 따라 행하던 땅의 것을 버리라고 말합니다. 땅의 것은 무엇입니까? 그리스도 밖에 있을 때 행하던 세상 풍속과 삶의 방식입니다. 음란, 부정, 사욕, 악한 정욕, 탐심과 같은 것입니다. 전에는 이런 것들을 부끄러움 없이 행했습니다. 죄를 죄로 여기지 못

했습니다. 하지만 이제는 존재가 달라지고 삶의 가치가 달라졌습니다. 죄를 죄로 여기게 되고 하늘의 것을 추구하게 되었습니다. 다시 살리심을 받았다면 고개를 숙여 땅의 것을 주목하는 것이 아니라 고개를 들어 하늘의 가치를 추구해야 합니다.

예수의 옷을 입으라

어떤 옷을 입었는가에 따라 행동거지가 달라집니다. 편안한 운동복을 입었을 때와 정장을 입었을 때 하는 행동이 다릅니다. 군복을 입었을 때와 평상복을 입었을 때의 행동이 달라집니다. 그리스도와 함께 살리심을 받았다면 입는 옷이 달라져야 합니다. "그러므로 너희는 하나님이 택하사 거룩하고 사랑받는 자처럼 긍휼과 자비와 겸손과 온유와 오래 참음을 옷 입고"(12절). 이 모든 것은 예수님의 성품입니다. 또한 서로 용납하고 용서해야 합니다(13절). 그리고 이 모든 것 위에 사랑을 더해야 합니다(14절). 그리스도인의 스타일은 사랑으로 완성됩니다. 우리는 입는 옷이 달라야 합니다. 그리스도로 옷 입고 그리스도 스타일로 살아가는 가정이 되길 소망합니다.

다시 살리심을 받은 사람은 이전처럼 살아서는 안 됩니다. 이전과는 확연하게 다른 삶을 살아야 합니다. 다시 살아난 사람의 생각은 땅의 것이 아니라 하늘의 것으로 가득해야 합니다. 다시 살아난 사람의 옷은 긍휼과 자비와 겸손과 온유와 오래 참음과 사랑으로 치장되어야 합니다. 다시 살아난 가정답게 살아가기를 축복합니다.

❸ 나눔

1. 내 안에 세상의 풍속과 가치를 따르려는 마음이 있다면 그 내용을 가족과 나눠 보세요.
2. 새로 입어야 할 옷 가운데 나에게 부족한 부분이 있다면 그 내용을 가족과 나눠 보세요.

❸ 기도

하나님, 우리 가정에 하나님을 만난 흔적이 뚜렷하게 나타나기를 바랍니다. 썩어질 땅의 것에 미련을 두지 않게 하시고 눈을 들어 하늘의 가치를 품게 해주세요. 예수님의 옷을 입고 예수님처럼 살아가게 해주세요. 우리 가정을 살려 주신 예수님의 이름으로 기도합니다. 아멘.

❸ 이번 주 우리 가족 미션

❸ 한 주의 생명 양식

1 ♥ 골 1:24-29
2 ♥ 골 2:1-7
3 ♥ 골 2:8-15
4 ♥ 골 2:16-23
5 ♥ 골 3:1-14
6 ♥ 골 3:15-25
7 ♥ 골 4:1-9

하나님께로 돌아가자

- 이사야 1장 18-23절
- 찬송가 250장 구주의 십자가 보혈로

이사야 1장 18-23절

18 여호와께서 말씀하시되 오라 우리가 서로 변론하자 너희의 죄가 주홍 같을지라도 눈과 같이 희어질 것이요 진홍같이 붉을지라도 양털같이 희게 되리라

19 너희가 즐겨 순종하면 땅의 아름다운 소산을 먹을 것이요

20 너희가 거절하여 배반하면 칼에 삼켜지리라 여호와의 입의 말씀이니라

21 신실하던 성읍이 어찌하여 창기가 되었는고 정의가 거기에 충만하였고 공의가 그 가운데에 거하였더니 이제는 살인자들뿐이로다

22 네 은은 찌꺼기가 되었고 네 포도주에는 물이 섞였도다

23 네 고관들은 패역하여 도둑과 짝하며 다 뇌물을 사랑하며 예물을 구하며 고아를 위하여 신원하지 아니하며 과부의 송사를 수리하지 아니하는도다

돌아갈 곳이 있는 사람은 안전합니다. 돌아갈 집이 있어야 여행이 즐겁고, 돌아갈 회사가 있어야 휴가가 즐겁습니다. 반면 돌아갈 곳이 없는 사람은 불안합니다. 우리에게는 돌아갈 하나님의 품이 있습니다. 집을 나간

탕자의 회복은 아버지의 집으로 방향을 돌릴 때부터 시작되었습니다. 집으로부터 멀리 떨어져 있어서 시간이 걸렸지만 그 모든 걸음은 회복을 위한 걸음이었습니다. 하나님은 우리를 향해 "오라"고 외치고 계십니다. 하나님께로 돌아가야 합니다. 더 멀어지기 전에 돌아가야 합니다.

하나님의 초청은 회개를 위한 초청이다

하나님은 회개의 자리로 우리를 부르십니다. 하나님은 우리의 죄가 주홍 같고 진홍 같아도 눈과 양털같이 희게 된다고 약속하십니다(18절). 하나님의 초청은 회개할 기회를 주시는 것입니다. 하나님은 의인이 아니라 죄인을 초청하십니다. 벌을 내리기 위한 초청이 아니라 용서해 주시기 위한 초청입니다. 더군다나 죄만 용서받는 것이 아니라 땅의 아름다운 소산도 먹여 주십니다(19절). 이보다 더 수지맞는 초청은 없습니다. 현대 사회는 죄인, 회개라는 단어를 싫어합니다. 성경의 절대적인 가치를 상대적인 것으로 전환시키므로 행복이 최고의 가치가 되었습니다. 행복이 절대 선이 되었습니다. 예배 시간에 선포되는 하나님의 말씀조차 하나의 의견 정도로 치부하고 있습니다. 이런 시대일수록 회개의 자리에 오래 머물러야 합니다.

하나님의 초청은 회복을 위한 초청이다

이스라엘은 시간이 흐를수록 하나님과 멀어져 갔습니다. 하나님은 이스라엘 백성의 과거와 현재를 비교하며 회복에 대해 말씀하십니다. 과거에 이스라엘은 신실한 성읍이었습니다(21절). 참된 예배를 드리고, 하나님의 은혜로 충만한 성읍이었습니다. 그러나 현재 이스라엘은 창기가 가득한 땅이 되었습니다. 신실함을 잃어버렸습니다. 과거에 이스라엘은 정의와 공의가 실현되는 땅이었습니다. 그러나 현재 이스라엘은 정의와 공의가 사라지고 살인자들이 득실거리는 황폐한 땅이 되었습니다. 그들은 순수한 은에 불순물을 섞고 포도주에 물을 섞어 파는 비양심적인 행동을 합니다(22절). 고관들은 뇌물을 사랑하고, 예물을 구하며, 사회에서 가장 약하고 보호가 필요한 고아와 과부의 송사를 들어주지 않았습니다. 총체적인 타락입니다. 자기 욕심과 욕망을 따라 사는 삶입니다. 다시 회복의 자리로 가야 합니다.

오래 운동하지 않다가 갑자기 격렬한 운동을 하면 몸에 근육통이 생깁니다. 근육통은 몸에 통증을 일으키지만 회복된 후에는 새로운 근육을 만들어 줍니다. 회개는 근육통과 같습니다. 아프고 힘들지만 우리 영혼을 맑고 튼튼하게 회복시켜 줍니다. 회개의 자리로 돌아가야 합니다. 아직 하나님의 초청의 소리가 들릴 때 돌아가야 합니다. 하나님의 초청에 응답하는 가정이 되기를 축복합니다.

ⓒ 나눔

1. 누군가를 초청했는데 그 사람이 오지 않아 마음 상한 적이 있다면 그때의 상황을 가족과 나눠 보세요.
2. 누군가와 관계의 어려움이 있어 힘들었는데 회복된 경험이 있다면 가족과 나눠 보세요.

ⓒ 기도

하나님, 우리 가정을 회개와 회복의 자리로 초청해 주셔서 감사합니다. 우리 가정이 하나님으로부터 멀어졌다면 돌아서게 하시고, 고쳐야 할 부분이 있다면 단호하게 고치는 가정이 되게 해주세요. 우리를 초청하시는 예수님의 이름으로 기도합니다. 아멘.

ⓒ 이번 주 우리 가족 미션

ⓒ 한 주의 생명 양식

1 ♥ 골 4:10-18
2 ♥ 사 1:1-9
3 ♥ 사 1:10-17
4 ♥ 사 1:18-23
5 ♥ 사 1:24-31
6 ♥ 사 2:1-9
7 ♥ 사 2:10-22

부름 받은 사람의 반응

- 이사야 6장 1-13절
- 찬송가 323장 부름 받아 나선 이 몸

이사야 6장 1-13절

¹ 웃시야 왕이 죽던 해에 내가 본즉 주께서 높이 들린 보좌에 앉으셨는데 그의 옷자락은 성전에 가득하였고

² 스랍들이 모시고 섰는데 각기 여섯 날개가 있어 그 둘로는 자기의 얼굴을 가리었고 그 둘로는 자기의 발을 가리었고 그 둘로는 날며

³ 서로 불러 이르되 거룩하다 거룩하다 거룩하다 만군의 여호와여 그의 영광이 온 땅에 충만하도다 하더라

⁴ 이같이 화답하는 자의 소리로 말미암아 문지방의 터가 요동하며 성전에 연기가 충만한지라

⁵ 그때에 내가 말하되 화로다 나여 망하게 되었도다 나는 입술이 부정한 사람이요 나는 입술이 부정한 백성 중에 거주하면서 만군의 여호와이신 왕을 뵈었음이로다 하였더라

⁶ 그때에 그 스랍 중의 하나가 부젓가락으로 제단에서 집은 바 핀 숯을 손에 가지고 내게로 날아와서

⁷ 그것을 내 입술에 대며 이르되 보라 이것이 네 입에 닿았으니 네 악이 제하여졌고 네 죄가 사하여졌느니라 하더라

⁸ 내가 또 주의 목소리를 들으니 주께서 이르시되 내가 누구를 보내며 누가 우리를 위

하여 갈꼬 하시니 그때에 내가 이르되 내가 여기 있나이다 나를 보내소서 하였더니

9 여호와께서 이르시되 가서 이 백성에게 이르기를 너희가 듣기는 들어도 깨닫지 못할 것이요 보기는 보아도 알지 못하리라 하여

10 이 백성의 마음을 둔하게 하며 그들의 귀가 막히고 그들의 눈이 감기게 하라 염려하건대 그들이 눈으로 보고 귀로 듣고 마음으로 깨닫고 다시 돌아와 고침을 받을까 하노라 하시기로

11 내가 이르되 주여 어느 때까지니이까 하였더니 주께서 대답하시되 성읍들은 황폐하여 주민이 없으며 가옥들에는 사람이 없고 이 토지는 황폐하게 되며

12 여호와께서 사람들을 멀리 옮기셔서 이 땅 가운데에 황폐한 곳이 많을 때까지니라

13 그 중에 십분의 일이 아직 남아 있을지라도 이것도 황폐하게 될 것이나 밤나무와 상수리나무가 베임을 당하여도 그 그루터기는 남아 있는 것같이 거룩한 씨가 이 땅의 그루터기니라 하시더라

바람 앞에 놓인 등불처럼 유다의 상황이 매우 위태롭습니다. 적군이 침입해 나라가 위태로운데 이들로부터 유다를 건져 줄 것이라 생각한 웃시야 왕이 죽고 만 것입니다. 기대하고 의지하던 웃시야가 죽자 이사야는 망연자실해서 성전을 향했습니다. 절망 가운데 성전을 찾은 그곳에 하나님께서 이사야를 기다리고 계셨습니다. 성전에서 어떤 일이 일어났습니까?

🌱하나님의 영광에 압도되다

이사야는 성전에서 크신 하나님의 영광을 보게 됩니다. 하나님이 높이 들린 보좌에 앉아 계시고 그 옷자락은 성전에 가득 찬 모습입니다(1절). 그리고 주변으로 스랍들이 날며 하나님을 찬양하고 있습니다. 이들은 하나님을 향해 "거룩하다 거룩하다 거룩하다 만군의 여호와여"(3절)라고 찬양했습니다. 스랍들은 하나님의 영광을 차마 보지 못하고 두 날개로 얼굴을 가렸습니다. 스랍들이 본 하나님은 거룩의 극치였습니다. 스랍들은 하나님의 영광이 땅에 가득하다고 찬양했습니다. 이사야는 하나님의 영광에

압도되는 동시에 자신의 죄 된 모습을 보고 죽을 것 같은 위기를 느낍니다 (5절). 민족의 아픔과 위기를 가지고 성전을 찾았는데 성전에서 하나님의 크신 영광을 보고 자신의 죄를 보게 된 것입니다. 성전을 찾은 이유는 없어지고 하나님의 영광에 압도된 것입니다. 성전에서 우리는 하나님의 영광을 경험해야 합니다. 온 땅 위에 가득한 하나님의 영광을 경험하며 성전에서 예배하는 가정이 되어야 합니다.

상처 입은 치유자가 되다

이사야가 자신의 부정함을 고백하자 하나님은 제단 숯불로 그의 죄를 깨끗하게 해주셨습니다(6, 7절). 부정함을 깨끗하게 씻음 받는 곳은 성전입니다. 성전에 계신 하나님을 만날 때 부정함이 깨끗해집니다. 이사야는 사람을 찾으시는 하나님의 음성을 듣습니다. "내가 누구를 보내며 누가 우리를 위하여 갈꼬"(8a절). 이사야는 하나님의 부름에 즉각 응답합니다. "내가 여기 있나이다 나를 보내소서"(8b절). 자신이 쓰임 받기에 합당한 사람이어서 자원한 것이 아니라 크신 하나님의 영광을 경험하고 죄에서 용서받은 사람으로서 하나님의 부르심을 거부할 수 없기 때문입니다. 성전에서 치유받았으니 하나님의 부르심에 순종할 수밖에 없습니다. 헨리 나우웬(Henri Nouwen)이 말한 '상처 입은 치유자'(wounded healer)가 되는 것입니다.

성전은 하나님의 영광이 가득한 곳입니다. 우리는 성전에서 예배할 때마다 하나님께 합당한 영광을 올려 드려야 합니다. 또한 예배 가운데 죄용서와 치유를 받고 하나님이 부르시는 곳에서 사명을 감당해야 합니다. 하나님은 지금도 사람을 찾고 계십니다. 우리 가정이 하나님의 부르심에 순종하는 가정이 되어야 할 것입니다.

🔵 나눔

1. 하나님의 영광에 압도되어 예배한 경험이 있습니까? 그때의 아름다운 순간을 가족과 나눠 보세요.
2. 하나님이 부르실 때 순종하여 사역의 현장으로 간 경험이 있다면 나눠 보세요.

🔵 기도

하나님, 우리 가정이 성전에서 예배할 때마다 크신 하나님의 영광을 경험하길 원합니다. 스랍들처럼 하나님의 영광을 찬양하게 해주세요. 또한 하나님이 부르시면 언제든지 순종하는 가정이 되게 해주세요. 영광스러운 예수님의 이름으로 기도합니다. 아멘.

🔵 이번 주 우리 가족 미션

🔵 한 주의 생명 양식

1 💜 사 3:1-15
2 💜 사 3:16-23
3 💜 사 3:24-4:6
4 💜 사 5:1-12
5 💜 사 5:13-23
6 💜 사 5:24-30
7 💜 사 6:1-13

역전의 하나님

- 이사야 9장 1-7절
- 찬송가 86장 내가 늘 의지하는 예수

이사야 9장 1-7절

1 전에 고통받던 자들에게는 흑암이 없으리로다 옛적에는 여호와께서 스불론 땅과 납달리 땅이 멸시를 당하게 하셨더니 후에는 해변 길과 요단 저쪽 이방의 갈릴리를 영화롭게 하셨느니라

2 흑암에 행하던 백성이 큰 빛을 보고 사망의 그늘진 땅에 거주하던 자에게 빛이 비치도다

3 주께서 이 나라를 창성하게 하시며 그 즐거움을 더하게 하셨으므로 추수하는 즐거움과 탈취물을 나눌 때의 즐거움같이 그들이 주 앞에서 즐거워하오니

4 이는 그들이 무겁게 멘 멍에와 그들의 어깨의 채찍과 그 압제자의 막대기를 주께서 꺾으시되 미디안의 날과 같이 하셨음이니이다

5 어지러이 싸우는 군인들의 신과 피 묻은 겉옷이 불에 섶같이 살라지리니

6 이는 한 아기가 우리에게 났고 한 아들을 우리에게 주신 바 되었는데 그의 어깨에는 정사를 메었고 그의 이름은 기묘자라, 모사라, 전능하신 하나님이라, 영존하시는 아버지라, 평강의 왕이라 할 것임이라

7 그 정사와 평강의 더함이 무궁하며 또 다윗의 왕좌와 그의 나라에 군림하여 그 나라를 굳게 세우고 지금 이후로 영원히 정의와 공의로 그것을 보존하실 것이라 만군의 여

조셉 헨리 데이비스(Joseph Henry Davies)는 「국내 국외 선교」(*The Missionary at Home and Abroad*)라는 선교잡지를 읽다가 부산에 선교사를 보내 달라는 월푸(John Wolfe) 선교사의 편지를 보게 됩니다. 그때까지 인도 선교를 준비했으나 그는 계획을 바꾸어 한국으로 향했습니다. 하지만 한국에 들어온 뒤 한국어를 배우고 답사를 하던 중 천연두와 폐렴으로 하나님의 부르심을 받고 말았습니다. 그가 한국에 들어온 지 6개월, 정확히 183일째 되는 날이었습니다. 그의 인생은 너무 짧았고, 한국에 들어와 한 일도 없었습니다. 그러나 월푸의 편지와 데이비스의 죽음은 호주에 있는 120명의 선교사 후보들의 마음을 움직였습니다. 그들은 부산과 경남 지방으로 들어와 데이비스 대신 복음의 씨를 뿌렸습니다. 하나님은 역전의 하나님입니다. 사람이 끝났다고 생각하는 곳에서 일하기 시작하십니다.

￭주님의 통치가 상황을 역전시킨다

앗수르가 북이스라엘을 침략해서는 베가를 제거했습니다. 그런 다음 호세아를 꼭두각시 왕으로 세워 앗수르의 속국으로 삼았습니다. 이스라엘은 여로보암 2세 때만 해도 전성기를 구가했으나 여로보암 2세가 죽고 나자 급격히 무너졌습니다. 모든 것이 끝난 것 같은 고통스러운 나날이 계속되고 있습니다. 하지만 하나님은 이 상황을 역전시키십니다. 고통받던 자들에게 흑암이 사라질 것입니다(1a절). 변방으로 치부되며 멸시를 당하던 스불론 땅과 납달리 땅(1b절)마저도 영화롭게 될 것입니다. 하나님은 이스라엘의 어깨를 짓누르는 무거운 멍에를 벗겨 주실 것입니다. 그들을 고통스럽게 하는 채찍과 압제자의 막대기를 꺾으실 것입니다(4절). 주님의 통치를 받을 때 우리의 삶은 동굴이 아닌 터널이 됩니다. 모든 것이 끝났다고 생각될 때 하나님이 길을 내시는 것을 볼 것입니다.

예수 안에 승리가 있다

역전의 하나님이 보여 주신 신의 한 수는 바로 예수 그리스도입니다. 풍전등화와 같은 민족적 고통의 시간에 하나님은 메시아 탄생을 예언하십니다. 메시아가 오셔서 이 세상을 통치할 때 이 땅의 모든 문제는 해결받게 됩니다. 메시아가 다스리는 세상은 지금 우리가 사는 세상과 다릅니다. 메시아는 지혜로 세상을 다스립니다. 그분의 지혜는 완전합니다. 그분이 하시는 모든 일이 완전한 지혜로 이루어졌기에 조금도 부족함을 느끼지 못합니다. 그분은 이스라엘의 영원한 아버지가 되어 주십니다. 누구도 아버지의 사랑에서 우리를 끊을 수 없습니다. 메시아는 평강의 왕입니다. 그분 안에서 누리는 평강이 진정한 평강입니다. 예수 그리스도가 공평과 정의로 나라를 굳게 세우실 것입니다. 인생의 모든 문제는 예수님 안에서 역전됩니다.

야구는 9회말 2아웃부터라고 합니다. 야구만 그런 것이 아닙니다. 하나님 안에서 우리 삶은 얼마든지 역전이 가능합니다. 예수님 안에 있을 때 승리가 보장됩니다. 세상보다 크신 하나님 안에 있을 때 세상은 우리를 무너뜨릴 수 없습니다. 역전의 하나님과 짜릿한 승리를 경험하는 가정이 되기를 바랍니다.

🌏 나눔

1. 불리한 상황에서 역전하여 승리를 경험한 적이 있다면 나눠 보세요.
2. 지금 역전의 은혜가 필요하다면 어떤 면에서 그런지 가족과 나눠 보세요.

🌏 기도

역전의 하나님, 우리 가정이 늘 하나님만을 의지하기 원합니다. 9회말 2아웃의 절대적으로 불리해 보이는 상황에서 하나님만 의지하는 가정이 되게 해주세요. 역전의 예수님의 이름으로 기도합니다. 아멘.

🌏 이번 주 우리 가족 미션

🌏 한 주의 생명 양식

1 ♥ 사 7:1-9
2 ♥ 사 7:10-17
3 ♥ 사 7:18-25
4 ♥ 사 8:1-8
5 ♥ 사 8:9-15
6 ♥ 사 8:16-22
7 ♥ 사 9:1-7

감사가 밥이다

- 이사야 12장 1-6절
- 찬송가 428장 내영혼에 햇빛 비치니

이사야 12장 1-6절

1 그 날에 네가 말하기를 여호와여 주께서 전에는 내게 노하셨사오나 이제는 주의 진노가 돌아섰고 또 주께서 나를 안위하시오니 내가 주께 감사하겠나이다 할 것이니라

2 보라 하나님은 나의 구원이시라 내가 신뢰하고 두려움이 없으리니 주 여호와는 나의 힘이시며 나의 노래시며 나의 구원이심이라

3 그러므로 너희가 기쁨으로 구원의 우물들에서 물을 길으리로다

4 그 날에 너희가 또 말하기를 여호와께 감사하라 그의 이름을 부르며 그의 행하심을 만국 중에 선포하며 그의 이름이 높다 하라

5 여호와를 찬송할 것은 극히 아름다운 일을 하셨음이니 이를 온 땅에 알게 할지어다

6 시온의 주민아 소리 높여 부르라 이스라엘의 거룩하신 이가 너희 중에서 크심이니라 할 것이니라

미즈노 겐조(水野源三)는 열한 살에 뇌성마비로 인해서 전신에 마비가 오고 언어 능력을 잃게 됩니다. 할 수 있는 것이라고는 눈을 깜빡이는 것

뿐이었습니다. 절망적인 순간입니다. 그런 그가 『감사는 밥이다』(선한청지기, 2014)란 책을 썼습니다. 그중에 "산다"라는 시가 있습니다.

하나님의 / 크신 손안에서 / 달팽이는 / 달팽이답게 기며 /
반딧불 꽃은 / 반딧불 꽃답게 피고 / 청개구리는 / 청개구리답게 우며 /
하나님의 / 크신 손안에서 / 나는 / 나답게 / 산다

미즈노 겐조는 감사할 수 없는 순간에 감사합니다. 그는 밥으로 사는 것이 아니라 감사로 살아갑니다. 그렇습니다. 감사는 기적을 부르는 삶의 습관입니다. 우리는 무엇을 감사해야 할까요?

🌿우리를 무조건 사랑하시는 하나님께 감사하라

하나님은 이스라엘 백성이 범죄할 때마다 선지자를 보내 회개하고 돌아오라고 촉구하셨습니다. 하지만 이스라엘은 돌아서기는커녕 죄만 더욱 지었습니다. 하나님은 아하스에게 이사야를 보내 앗수르가 아니라 하나님인 나만 의지하라고 하셨습니다. 그러나 아하스는 앗수르를 의지했고 결국 자신이 의지하던 강대국에 의해 멸망당했습니다. 하나님을 떠난 이스라엘의 멸망은 당연한 결과였습니다. 그런데도 하나님은 이스라엘을 포기하지 않고 안위해 주십니다(1절). 생명이 살아가는 데 절대적으로 필요한 것이 있습니다. 태양 빛, 공기, 산소는 생명이 살아가는 데 대체 불가능한 요소입니다. 하지만 이 모든 것도 하나님의 사랑만 못합니다. 우리가 오늘도 살 수 있는 이유는 하나님의 사랑 때문입니다. 하나님의 사랑에 날마다 감사를 드립니다.

우리를 구원하신 하나님께 감사하라

날마다 하나님께 감사를 드려도 다 표현 못 할 감사의 내용이 있다면 그것은 바로 구원입니다. 우리는 하나님께 구원받을 만한 대상이 아닙니다. 하지만 하나님은 이 세상에 사랑할 대상이 우리밖에 없는 것처럼 우리를 사랑하셔서 구원해 주셨습니다. 이사야는 감사 찬송을 부르면서 '구원'이란 단어를 세 번이나 반복해서 사용합니다. 우리는 하나님 안에서 단순히 마음의 평안을 얻고 일이 전보다 조금 잘되는 것을 기대해서는 안 됩니다. 그것은 부수적인 것입니다. 하나님 안에서 우리는 구원을 얻어 새 생명을 얻습니다. 예레미야 선지자 역시 바벨론으로 끌려간 이스라엘 백성에게 "사람이 여호와의 구원을 바라고 잠잠히 기다림이 좋다"고 말했습니다(애 3:26). 감사가 마르지 않는 가정이 되어야 합니다.

감사가 밥입니다. 감사는 어떤 상황에서도 다시 일어나고 다시 시작할 수 있는 힘을 공급해 줍니다. 우리를 무조건적으로 사랑하시는 하나님께 감사드려야 합니다. 죽을 수밖에 없는 우리를 살리신 구원의 하나님께 감사를 드려야 합니다. "하늘에서는 주 외에 누가 내게 있으리요 땅에서는 주밖에 내가 사모할 이 없나이다"(시 73:25)고 노래한 시편의 노래가 우리의 노래가 되길 바랍니다.

🌀 나눔

1. 가족에게 평소에 표현하지 못했던 감사의 고백을 해보세요.
2. 하나님께 감사하고 싶은 내용을 가족과 함께 나눠 보세요.

🌀 기도

하나님, 우리 가정이 다른 것은 다 부족해도 감사만큼은 풍성한 가정이 되길 원합니다. 어떤 일을 만나든지 첫 번째 반응이 감사이길 소원합니다. 하나님께 대한 감사가 날마다 깊어지고 풍성하게 해주세요. 예수님의 이름으로 감사하며 기도합니다. 아멘.

🌀 이번 주 우리 가족 미션

🌀 한 주의 생명 양식

1 ♥ 사 9:8-17
2 ♥ 사 9:18-10:4
3 ♥ 사 10:5-15
4 ♥ 사 10:16-34
5 ♥ 사 11:1-9
6 ♥ 사 11:10-16
7 ♥ 사 12:1-6